Collection *Récits d'historien*

Illustration de couverture

La division Leclerc, rue Guynemer, à Paris, le 25 août 1944 (photo colorisée)

Ph© Neurdein /Roger-Viollet

Conception graphique et réalisation : Cédric Ramadier

Concept éditorial : Valérie Perthué

Relecture : Hélène Fortin-Servent

Cartographie : Claire Levasseur

© Hatier, Paris, 2013 – 978-2-218-97145-7

Christian Chevandier

LA LIBÉRATION DE PARIS

Les acteurs, les combats, les débats

Collection *Récits d'historien*
dirigée par Martine Allaire

Hatier

Note à l'attention du lecteur

Les personnages auxquels une notice biographique est consacrée dans le chapitre 3 sont signalés à leur première occurrence par *.

INTRODUCTION

« Nous ne dissimulerons pas cette émotion profonde et sacrée. Il y a là des minutes, nous le sentons tous, qui dépassent chacune de nos pauvres vies. Paris, Paris outragé, Paris brisé, Paris martyrisé, mais Paris libéré ! Libéré par lui-même, libéré par son peuple avec le concours des armées de la France, avec l'appui et le concours de la France tout entière : c'est-à-dire de la France qui se bat. C'est-à-dire de la seule France, de la vraie France, de la France éternelle. » Ces phrases que le général de Gaulle prononce à l'Hôtel de Ville de Paris au soir du 25 août 1944, alors qu'il n'est dans la capitale que depuis quelques heures et que les troupes allemandes viennent de se rendre, sont parmi les premières de ce qui est, sans doute, le plus célèbre de ses discours. Le lecteur entend peut-être la voix de l'orateur tant l'enregistrement a été diffusé. Primordiaux, chaque phrase et chaque mot soulignent la solennité du moment comme le caractère décisif des événements.

De Gaulle, d'un caractère plutôt réservé, est à l'évidence fort ému tandis que le son et les images enregistrés ce soir-là construisent un peu l'histoire de la France. Quinze jours plus tôt, rien ne semblait sûr : les cheminots se lançaient dans une grève que l'occupant réprimait en multipliant les arrestations, les troupes du général Leclerc* participaient à la bataille de Normandie, un vent de panique soufflait parmi les soldats allemands encore dans la capitale, mais l'avenir immédiat était incertain. Or, lorsque se terminent les journées d'août 1944, l'occupant a été chassé et la situation s'est stabilisée. Cet épisode de la Seconde Guerre mondiale a cependant été si rapide qu'il suscite encore des questions : celles du déclenchement de l'insurrection, puis du déroulement des combats. Qui a pris la décision de lancer la population parisienne dans la bataille ? Qui a négocié avec le commandement allemand ? Quand a-t-il été sûr que les insurgés, peu armés et mal équipés, ne seraient pas seuls à affronter les troupes du Reich ? Quelle a été la part prise dans cette délivrance par les Alliés, les Américains notamment ? Quels furent les rapports de forces entre les différents courants politiques de la Résistance, singulièrement les gaullistes et les communistes ? Quelles interprétations ont été tirées de ces faits ? Quelles sont les traces, des décennies plus tard, de cet événement dans l'histoire et la mémoire du pays ?

Parce qu'un événement politique n'est compréhensible que lorsque l'on connaît les protagonistes et leurs motivations, il convient d'abord, dans le chapitre premier, d'appréhender les acteurs collectifs : différents groupes sociaux tout comme la population parisienne, la première concernée, ainsi que les forces militaires, la garnison allemande, la deuxième division blindée de l'armée de la France combattante ou les troupes américaines. Il s'agit ensuite, dans le deuxième chapitre, d'appréhender les faits tels qu'ils se sont déroulés, du débarquement en Normandie au début du mois de juin 1944 à l'échec de la contre-attaque allemande au nord de Paris à la fin du mois d'août. Période très courte d'une transition qui ne peut être que difficile, ce moment crucial de l'histoire de France au XXe siècle peut être caractérisé par une unité de lieu et une chronologie très fine, peu propices aux approches sociales et politiques. Il faut comprendre que, lorsque Paris se couvre de barricades les 20 et 21 août, l'entrée dans la capitale des soldats de la France libre n'est en rien inéluctable. C'est bien ce qui ici détermine un parti pris : le risque est tel de ne pas saisir les singularités de l'événement, que se révèlent indispensables le récit qu'en fait l'historien mais aussi la connaissance de l'itinéraire antérieur d'acteurs individuels, présentés dans le chapitre trois. Les différentes interprétations de l'événement ont suscité nombre de débats auxquels est consacré le quatrième chapitre. Ils peuvent recouper les enjeux politiques, notamment pour tout ce qui concerne la question de pouvoir lors de la période de transition et aux lendemains de la Libération. Les approches stratégiques et tactiques sont indispensables, et nécessitent de comprendre le rôle de chacune des composantes de l'armée libératrice (les résistants de l'intérieur, les soldats de Leclerc et les Américains). Enfin, c'est l'objet du cinquième et dernier chapitre, il est possible de comprendre comment des mémoires de cet événement se sont édifiées et quels furent, quels sont encore les effets de cette construction mémorielle, tout en cernant au plus près les apports des chercheurs.

*

CHAPITRE

1 ✻ DES GROUPES EN ACTION

La population parisienne

Albert Camus*, dans l'éditorial de *Combat* du 23 août 1944, pose la question et apporte la réponse : « Qu'est-ce qu'une insurrection ? C'est le peuple en armes. Qu'est-ce que le peuple ? C'est ce qui, dans une nation, ne veut jamais s'agenouiller. » Raoul Nordling*, le consul de Suède, ne dit pas autre chose lorsque, dans ses *Mémoires*, il écrit « les Parisiens » pour désigner les insurgés. En deçà de la question de l'implication de ses habitants dans la Libération, il est impossible de comprendre ce qui se passe à Paris à l'été 1944 sans se pencher sur les caractéristiques de sa population.

La guerre empêchant que se tienne le recensement quinquennal de 1941, les données les plus sûres sont donc celles du dénombrement de 1936, le suivant n'étant effectué qu'en 1946. À la veille du conflit, la ville de Paris compte un peu plus de 2,8 millions[1] d'habitants. Le département de la Seine, qui comprend la capitale et sa banlieue, en dénombre 5 millions. Après la paix, la ville a perdu un peu plus de 100 000 habitants, 125 000 de plus si on prend en compte le département. Entre ces deux moments, la fluctuation est donc importante. Comme lors de la Grande Guerre, plusieurs exodes ont réduit la population. Le plus connu est la débâcle du printemps 1940. On estime qu'il reste en juillet 1940 à Paris moins de la moitié de sa population initiale. Pendant les années qui suivent, un retour progressif augmente les effectifs de la ville aux alentours de 2,2 millions de personnes. Les bombardements en 1944, les difficultés de ravitaillement, notamment après le Débarquement, puis la perspective d'une bataille font chuter à nouveau la population.

Comme toujours en pareille situation, ce sont les plus riches, ceux qui en ont les moyens, qui fuient : les arrondissements de l'ouest se dépeuplent plus que les autres. Les femmes enceintes, notamment, sont évacuées hors de la ville. La mortalité infantile, forte dans les milieux urbains populaires, pousse les parents

1 Le recensement exact décompte 2 830 000 habitants à Paris en 1936 et bien 5 millions dans le département de la Seine. Après la guerre, les chiffres sont respectivement 2 725 000 habitants à Paris et 4 775 000 dans la Seine.

de jeunes enfants à les envoyer à la campagne et beaucoup de familles sont séparées. Les autorités auront ainsi quelque difficulté à prévenir les proches des victimes des combats d'août parmi les FFI et les civils : en dehors des combattants, 582 morts et plus de 2 000 blessés sont à déplorer[2]. C'est que si certains Parisiens ont la possibilité de participer aux combats, beaucoup ne disposent pas d'armes mais tiennent à être là, à observer, badauds et à l'occasion témoins actifs. Renseignant les FFI et les soldats de Leclerc ou bâtissant des barricades, ils sont nombreux à figurer sur les photographies prises lors des événements. On les voit en groupe, cachés derrière un véhicule ou un mur, à quelques pas des combattants qui font le coup de feu. D'autres restent cloîtrés chez eux, risquant parfois un furtif coup d'œil par leur fenêtre.

La morphologie de la population parisienne a été modifiée sous l'Occupation par plusieurs phénomènes, comme la mortalité des personnes âgées, les moins aptes à supporter les conditions de vie sous l'Occupation. Les persécutions antisémites, qui touchent surtout les quartiers les plus pauvres (des 4e, 10e, 11e et 20e arrondissements notamment), déciment la population juive parisienne : ce sont près de 13 000 personnes qui sont arrêtées puis déportées lors de la rafle du Vel'd'Hiv, le 16 juillet

2 Les nombres de victimes cités dans le présent ouvrage sont ceux que donne Christine Lévisse-Touzé dans *Paris libéré, Paris retrouvé*, éditions Gallimard, réédité en 2004.

1942. Les bombardements, même si souvent ils frappent plus gravement d'autres agglomérations, n'épargnent cependant pas le département de la Seine. C'est la banlieue qui est le plus souvent touchée par les bombardements. À titre d'exemple, c'est le cas de Boulogne-Billancourt sinistrée par le bombardement américain qui vise les usines Renault en avril 1943. Une douzaine de raids aériens atteignent la capitale au cours du conflit. Ainsi, plus de 300 personnes sont tuées dans le 18ᵉ arrondissement lors du bombardement de la Chapelle le 21 avril 1944, plus de 1 200 dans le département de la Seine par ceux des 26 et 27 mai.

À tous ces bouleversements s'ajoute un déséquilibre par sexe : beaucoup d'hommes, notamment ceux en âge de se battre, sont prisonniers en Allemagne, partis pour le STO (Service du travail obligatoire), ou ont préféré s'y soustraire et ont quitté la région. C'est donc une population parisienne bien différente de ce qu'elle était à la veille de la guerre qui vit l'insurrection. Elle n'en a pas moins une forte identité : à l'évidence, l'histoire de la ville est appropriée par sa population. C'est ainsi que les barricades édifiées à partir du 22 août renvoient sans ambiguïté à celles des révolutions du XIXᵉ siècle, notamment à la Commune de Paris. Des photographies prises en 1871 semblent avoir inspiré l'érection de barricades par les Parisiens en août 1944, tout comme le souvenir de celles de la Libération jouera un rôle dans le recours à cette pratique en mai 1968.

Les cheminots

Le groupe professionnel qui s'est le plus fortement engagé dans l'opposition à l'occupant et au régime de Vichy est celui des travailleurs du rail, notamment (mais pas seulement) parce que la Résistance les a fortement sollicités, leur activité leur permettant d'avoir de précieux renseignements et de préparer efficacement des sabotages. Ils sont nombreux à Paris où convergent cinq des six grandes compagnies dont la nationalisation a permis en 1938 de constituer la SNCF. Tout au long des années de guerre, l'activité ferroviaire se développe afin de suppléer le transport routier en cette période de contingentement de produits pétroliers très stratégiques. Conscientes de l'hostilité des cheminots français, les autorités d'occupation ont affecté, en France, des milliers de leurs collègues allemands de la *Reichsbahn* pour s'y substituer et faire fonctionner la machine ferroviaire. Début août des équipes allemandes font rouler ainsi quelques convois, notamment ceux qui emmènent des détenus à l'Est. Alors qu'il était impossible d'empêcher les trains de requis ou de déportés de partir pour l'Allemagne, les circonstances semblent rendre réalisables de telles actions. L'acharnement des Allemands (en dépit de l'accord passé entre Nordling et le général allemand von Choltitz*) leur permet cependant de faire partir des trains de déportés peu de temps avant la Libération.

C'est par la grève que, dès le mois de juillet, les agents de la SNCF s'inscrivent dans la dynamique de la Libération. Un comité central de grève des cheminots a été constitué au printemps 1944 ; le 10 août, il lance un appel à la grève insurrectionnelle dans la région parisienne. En dépit de la répression, le trafic est interrompu quelques jours plus tard à l'exception des trains conduits par des Allemands. Le 17 ou le 18, le comité interfédéral, qui regroupe la CFTC et la CGT des cheminots, lance un ordre de grève générale dans l'ensemble du pays. Le 21, le comité central de grève les appelle aux armes, alors même que, dès le 19 août, certains sites, comme les Ateliers de Clichy-Levallois dans la très proche banlieue, ont déjà été investis par des cheminots en armes. Il ne s'agit plus de saboter, mais de préserver l'outil ferroviaire dont les Alliés ont besoin pour poursuivre la guerre. À peine les Allemands partis, le 28 août, le travail reprend à la SNCF dans la région parisienne.

Les infirmières, médecins et secouristes

L'agglomération parisienne est particulièrement bien pourvue en équipement hospitalier et médical. Les années de guerre y soumettent à rude épreuve le matériel, usé, mal entretenu, peu remplacé, tandis que les médicaments deviennent plus rares. Plusieurs hôpitaux sont réquisitionnés sous l'Occupation par les Allemands, mais ceux-ci en sont partis lorsqu'éclate l'insurrection. En dépit de la baisse de la population parisienne, les hôpitaux de la ville ont, pendant la guerre, une activité supérieure à celle des années précédentes, car les conditions de vie se sont sensiblement détériorées. Lors des combats de la Libération, Paris devient un champ de bataille. C'est par milliers que l'on compte les blessés qui arrivent sans préparation, parfois sans que le moindre diagnostic ait été posé, et transforment les établissements de la ville en véritables hôpitaux du front, situation inédite.

Si certains agents hospitaliers font partie des FFI qui se battent contre l'occupant, la participation aux affrontements est loin d'être générale, car c'est la mission de secours qui est assignée comme prioritaire au personnel des hôpitaux de Paris par l'ensemble de la Résistance. Cette dernière adresse aux établissements hospitaliers une *Note sur l'organisation du service de santé pour les formations militaires de la région parisienne*, rédigée par le Comité médical de la Résistance à la veille de la Libération, afin d'organiser notamment l'évacuation des blessés et leur répartition dans les hôpitaux en fonction des blessures. Aux moments les plus intenses des combats, du 19 au 27 août, ce sont 2000 blessés qui affluent dans les établissements de l'Assistance publique. L'Hôtel-Dieu, entre la préfecture de police et Notre-Dame, enregistre 843 entrées, plus qu'il ne dispose de lits d'adultes ; après la fusillade du 26 août, 120 personnes y sont admises en fin d'après-midi.

À Paris, les personnels de santé sont non seulement relativement nombreux, mais également jeunes et qualifiés : élèves-infirmières et étudiants en médecine se montrent particulièrement actifs. À leurs côtés, certains volontaires sans qualification les aident, notamment pour aller chercher les blessés. Les infirmières de la Croix-Rouge, dont certaines sont formées pour ce type de situation, sont à l'œuvre lors des affrontements. Plus de 300 postes de secours sont installés dans la ville, une centaine pour la Défense passive, autant pour les services de la Résistance et un peu plus pour la Croix-Rouge. Soignant dans les pires conditions, parfois même au milieu des combats, plusieurs membres de ces équipes sont blessés ou tués, comme l'infirmière Madeleine Brinet lors des combats du 25 août aux environs de la place de la Concorde. À l'Hôtel-Dieu, des balles s'écrasent sur les murs des salles communes et des blocs opératoires. Mais la tâche la plus dure est peut-être le soin donné aux cadavres. Une partie des 5 000 morts lors des combats restent plusieurs jours, en pleine chaleur, dans des morgues improvisées.

Les soldats allemands

Outre la garnison, du moins ce qu'il en reste, les effectifs militaires allemands à Paris pendant les journées d'août 1944 sont également constitués des troupes de la VIIe Armée et du *Panzergruppe West*, en retraite depuis la Normandie pour ne pas être pris en tenaille après l'offensive alliée à Falaise. Estimées entre 15 et 20 000 hommes, les forces présentes à Paris sont formées de ces détachements d'infanterie et d'artillerie de la *Luftwaffe* qui doivent défendre les aérodromes de l'agglomération – notamment Le Bourget –, d'unités de sécurité et des soldats repliés de Normandie. Beaucoup de militaires d'un certain âge ne semblent ni motivés ni véritablement aptes à soutenir une bataille. Cependant, certains soldats ainsi que des SS se livrent, pendant cette période, à des exactions. Les charniers, qui seront découverts à la fin du mois d'août, en témoignent. Dans ses *Mémoires*, Nordling évoque des « SS géorgiens qui ne comprenaient pas l'allemand », la plupart du temps en état d'ébriété. Enfin, un détachement de chars d'une *Panzerdivizion* renforce la garnison. Pendant l'insurrection, des tracts rédigés en allemand sont distribués par la Résistance à ces soldats : « Assez de sang [...]. Toute action est un double crime contre le peuple français et le peuple allemand. »

À partir du 23 août, l'essentiel des troupes allemandes sort peu, sinon sur de grands axes dégagés par les blindés, et se concentre dans quelques points fort : les sièges de ses organismes de commandement dans les beaux quartiers de Paris (le gouverneur militaire à l'hôtel Crillon, place de la Concorde, le commandement du *Gross Paris* à l'hôtel Meurice[3], rue de Rivoli, le haut commandement militaire en France à l'hôtel Majestic, avenue Kléber, la *Kommandantur* place de l'Opéra), dans des casernes, au Sénat et dans les jardins du Luxembourg, au Palais-Bourbon, à l'École militaire, place de la République, dans le château et le fort de Vincennes. Lors de la libération de Paris, 3200 Allemands sont tués, soit plus des deux tiers des combattants, et 12800 soldats se rendent et sont faits prisonniers. C'est le cas de von Choltitz.

Les soldats français

Créée en août 1943 à partir de la « force L » de Leclerc, organisée à l'américaine en trois groupements tactiques (comprenant des blindés, de l'infanterie et de l'artillerie), la 2e division blindée regroupe les premiers compagnons de Leclerc, vétérans du Tchad, des troupes ralliées à de Gaulle après le débarquement allié en Afrique du Nord (novembre 1942), ainsi que des jeunes gens qui ont quitté la métropole pour partir se battre. Elle est donc composée de forces hétéroclites, dont certaines proviennent de l'empire colonial. C'est ainsi le cas du 12e régiment des chas-

3 Les principaux sites de la libération de Paris sont signalés sur le plan de la ville, pages 122-123.

seurs d'Afrique, dont les soldats portent chéchia, du 1er régiment de marche de spahis marocains, des 3e et 40e régiments d'artillerie nord-africaine. Cherchant des fantassins aguerris pour constituer sa division blindée, Leclerc n'hésite pas à recruter des volontaires espagnols, anciens combattants républicains lors de la guerre d'Espagne, parmi lesquels des anarchistes. Certains sont passés par la Légion étrangère et ils s'engagent dans les FFL (Forces françaises libres), afin de combattre le nazisme dans la continuité de leur lutte contre le putsch de Franco. Avec des Oranais hispanophones, ils forment la 9e compagnie (« *la Nueve* ») du régiment de marche du Tchad dont certains véhicules portent les noms de batailles de la guerre d'Espagne : « Teruel », « Guernica », « Madrid », « Brunete », « Guadalajara », tandis que d'autres s'appellent « Nous voilà » ou « Les Cosaques ». Tout en étant les plus nombreux, les Espagnols ne sont pas les seuls étrangers au sein des Forces françaises libres où l'on retrouve en nombre des Belges et des Polonais.

Le 21 juin 1944, une prise d'arme regroupe tous les régiments de la division, arrivée en Angleterre début mai. Ses soldats équipés par l'armée des États-Unis, notamment du casque américain, reçoivent à cette occasion un insigne qui orne aussi les véhicules : une croix de Lorraine sur fond de carte de France. Forte de 16000 hommes, elle débarque en Normandie, à Utah Beach, le 1er août avec le 15e corps américain de la 3e armée commandée par le général Patton. Elle se rassemble vers Le Mans, où ont lieu ses premiers combats, puis se dirige vers Alençon et Argentan. Lorsque Leclerc peut la faire marcher sur Paris, la 2e DB passe par Rambouillet et Antony. Avec les FFI, elle reconquiert la capitale. Certaines de ses unités sont passées en revue le 26 août à l'Arc de Triomphe, tandis que d'autres défendent le nord de la ville ou participent aux combats du Bourget. Alors que 160 de ses hommes sont tués dans les combats pour libérer la Normandie, la 2e DB compte 130 morts et 225 blessés pendant la bataille de Paris. Les FFI perdent entre 900 et 1 000 hommes, en comptant les fusillés.

Les soldats américains

Commandée par le major général Raymond Barton, la 4e division d'infanterie américaine appuie la 2e DB française lors des combats de la Libération. Pour ces unités, la bataille de Paris s'inscrit dans la continuité d'une longue campagne. La 4e division d'infanterie débarque le 6 juin à Utah Beach et déplore ce jour-là 200 victimes. Elle participe à la fin du mois à la prise de Cherbourg, puis en Basse-Normandie à la bataille des Haies (ou bataille du Bocage), très meurtrière. Après la percée d'Avranches, les soldats continuent les combats jusqu'à Paris.

Une unité de la 4e DIUS, le 12e régiment d'infanterie, après avoir perdu un millier de ses hommes lors de la contre-attaque allemande à Mortain, pénètre à Paris le 25 août par la porte d'Italie. Puis ses détachements se séparent vers la gare d'Austerlitz, les uns continuant sur la rive gauche de la Seine vers la tour Eiffel, les autres traversant le fleuve et se dirigeant vers la place de la Bastille avant de sortir par des portes de l'est de la ville. La 4e division d'infanterie participe ensuite avec la 2e DB aux combats qui dégagent le nord de l'agglomération. Mais, le 29 août, ce sont les soldats de la 28e DIUS, tout juste arrivés, qui descendent les Champs-Élysées lors d'un défilé. Ils reçoivent un accueil enthousiaste tandis que des tracts et affiches de bienvenue en anglais sont édités par des institutions parisiennes aussi différentes que le régiment des sapeurs-pompiers ou la fédération du parti socialiste à peine sorti de la clandestinité.

Organisations et instances de la France combattante

La France libre est l'organisation de résistance extérieure mise en place à Londres par le général de Gaulle après son appel du 18 juin 1940. Elle comprend notamment des forces armées (les FFL, Forces françaises libres, qui deviennent en juillet 1943 l'Armée française de libération dans la logique qui correspond à la création du CFLN[4]), mais aussi des services secrets (comme le BCRA, Bureau central de renseignements et d'action). Le terme « France combattante » est adopté à partir de juillet 1942 pour désigner à la fois les forces qui combattent à l'extérieur et la Résistance intérieure. Les quelques organisations et instances présentées ci-après sont les plus actives lors de la libération de Paris.

Le **CNR** (Conseil national de la Résistance) a été créé à Paris par Jean Moulin le 27 mai 1943. Après son arrestation à Caluire, moins d'un mois plus tard, la présidence en est assurée par Georges Bidault. C'est à ce titre que, le 26 août, celui-ci descend les Champs-Élysées aux côtés du général de Gaulle.

Le **Comac** – le Comidac jusqu'en mai 1944 – (Comité d'action militaire) a été créé en février 1944 par le Comité central des mouvements de Résistance pour diriger les FFI. Placé sous sa propre autorité par le CNR en mai, il stimule la lutte armée dans le pays au moment de la Libération sans mettre la Résistance en porte-à-faux avec la stratégie des Alliés. Siégeant dans la capitale, il y joue un rôle non négligeable dans la deuxième quinzaine d'août.

Le **CPL** (Comité parisien de libération) a été créé en septembre 1943 par le syndicaliste et résistant communiste André Tollet, qui en est le président.

4 CFLN : Comité français de Libération nationale.

Le **GPRF** (Gouvernement provisoire de la République française) est la dénomination officielle, à partir du 3 juin 1944, du Comité français de Libération nationale (CFLN) d'Alger dans la perspective proche d'un débarquement en France. Dans les territoires libérés ou en voie de l'être, ses représentants mettent en place des autorités qui se substituent à celles de Vichy. En dépit d'une défiance initiale, les Alliés le reconnaissent implicitement dès juillet. Il est représenté en France par la Délégation générale et c'est sous son autorité qu'agissent les secrétaires généraux provisoires des ministères lors de la libération de la capitale.

Les **FFI** (Forces françaises de l'intérieur) sont créées fin 1943 pour rassembler dans la France occupée les groupes de la Résistance armée. Au niveau régional, Henri Rol-Tanguy* en devient le commandant au cours de l'été 1944 et assure à ce titre la coordination de l'insurrection.

Les **FTPF** – ou FTP – (Francs-tireurs et partisans français) ont été créés au printemps 1942 par la réunion des branches armées de la Résistance communiste. Leur principal objectif est la préparation d'une insurrection qui pourrait être déclenchée après un débarquement allié en France. Ils sont très actifs dans les maquis et lors des soulèvements.

CHAPITRE

2 * LES COMBATS

La fin de l'Occupation

Le Débarquement

C'est en constatant le mercredi 7 juin 1944 au matin, gare Montparnasse, l'annulation de tous les trains en direction de l'ouest que des Parisiens encore incrédules se rendent compte qu'il ne s'agit pas d'une rumeur de plus. Les Alliés ont bien débarqué en Normandie. Depuis quatre ans, les bruits se propagent d'autant plus aisément que les médias sont aux ordres de l'occupant et les nouvelles officielles peu crédibles. La veille, le 6 juin 1944, le «*D-Day*» («Jour J»), 300 000 soldats américains, britanniques, canadiens ont débarqué sur les plages du Cotentin ou ont été parachutés. Si le plan initial, qui prévoyait le jour même la libération de Caen, n'est pas atteint, les têtes de pont sont bien implantées, et le défi logistique, alimenter une armée imposante par la mer, est relevé. Le lendemain, Bayeux est la première ville française libérée. Le 14 juin, de Gaulle, arrivé le matin même en Normandie dans le petit port de Courseulles, s'y rend alors qu'elle est située dans une tête de pont encore bien fragile. Il est accueilli par une population enthousiaste et installe le premier commissaire de la République de métropole. De Bayeux, le général de Gaulle n'est plus qu'à 250 kilomètres de Paris.

Fin juin, c'est Cherbourg, grand port en eaux profondes, qui est libéré. Caen, enjeu tactique et stratégique essentiel, est l'objet d'un véritable siège, de plusieurs offensives et de bombardements qui font plusieurs milliers de victimes dans la population civile. La bataille de Normandie se poursuit pendant plusieurs semaines. L'action de la Résistance dans l'ensemble du pays permet de retarder l'arrivée de renforts allemands et joue un rôle appréciable. Malgré cela les Alliés piétinent, jusqu'à ce que, le 25 juillet, le commandement allié déclenche une offensive dans le sud du Cotentin. Par la percée d'Avranches, le 2 août, les Américains foncent sur la Bretagne. Dans la semaine du 5 au 12 août, les villes de Rennes, Brest, Nantes, Alençon sont libérées. Du 7 au 8 août, les Allemands contre-attaquent à Mortain et, dès le jeudi 10, la 2e DB du général Leclerc participe aux combats. Avec la fermeture de la poche de Falaise le 21 août, après dix jours de combats, les Alliés envisagent une offensive vers l'est, avec le Rhin comme objectif. Une semaine plus tôt, le 15 août, le débarquement de troupes américaines et françaises en Provence a modifié la donnée stratégique, mais aussi politique. Les soldats alliés et les FFI ont libéré ensemble, en deux semaines, le sud-est du pays. Tandis qu'à Paris, comme on peut le voir sur des photographies prises la première quinzaine de ce mois d'août 1944, des camions de l'armée allemande traversent la ville, longeant les Champs-Élysées ou les Grands Boulevards, chargés d'hommes et d'objets hétéroclites. Le passage de ces convois allemands quittant le front de Normandie pour l'Est est observé par des riverains narquois, qui même pour certains rient aux éclats de manière provocatrice. Provocatrice et vengeresse, car cela fait quatre ans que les Parisiens subissent l'occupation de leur ville, dont l'accès à certaines zones matérialisées par des chevaux de frise leur est interdit.

Paris occupé

Les Allemands étaient entrés le 14 juin 1940 dans une ville qui, désormais, n'est plus très loin du front. Si le débarquement en Normandie ne marque pas pour elle le moment initial de la Libération, du moins est-il le début de la fin de l'Occupation.

Situé dès 1940 dans la zone occupée, Paris est pendant quatre ans la capitale de l'occupation et de la collaboration. Groupes et presse collaborationnistes y ont pignon sur rue, et c'est dans ses beaux quartiers, à l'ouest et dans le centre, que les Allemands ont installé la plupart de leurs administrations.

Capitale de la collaboration, elle est aussi celle de la Résistance, ne serait-ce que parce que déstabiliser les Allemands, même à peine, correspond à un enjeu loin d'être secondaire. C'est ainsi à Paris, au métro Barbès, en août 1941, qu'a lieu le premier attentat homicide contre un soldat allemand, officier de marine. Les organisations de Résistance communistes, notamment les FTP, sont si conscientes de l'importance – certes plus politique que militaire – de leurs actions, que des groupes continuent d'agir en dépit d'une répression impitoyable tout au long des trois dernières années d'occupation. Le plus célèbre, notamment parce que l'occupant a popularisé sa répression par des tracts, des brochures et même une affiche qui inspirera un très poignant poème à Louis Aragon[1], est le groupe FTP-MOI (Francs-tireurs et partisans-main-d'œuvre immigrée) dirigé par l'ouvrier et poète communiste arménien Missak Manouchian, fusillé en février 1944. Mais Paris est aussi la capitale de la France républicaine, appelée à le redevenir lorsque cessera l'oc-

1 Ce poème s'appelle « Strophes pour se souvenir », publié dans *Le Roman inachevé*. Il sera repris ensuite par Léo Ferré dans la chanson intitulée « L'Affiche rouge ».

cupation. Dès 1943, dans la perspective d'une libération concevable après les revers de l'Axe en Afrique et en Russie puis le débarquement allié en Italie, les organismes de la Résistance unifiée s'y regroupent. Paris devient ainsi la capitale de la Résistance, et ce d'autant plus aisément que, avec l'occupation de la zone Sud, les Allemands se chargent à Lyon de la répression.

Le délitement

À Paris, de nombreux officiers supérieurs et généraux de l'armée allemande sont impliqués dans le complot du 20 juillet 1944 contre Hitler et son régime. Pendant quelques heures les chefs SS y sont mis en état d'arrestation. Le général Carl Heinrich von Stülpnagel, commandant militaire depuis 1942, est ensuite relevé de son commandement. Arrêté et condamné à mort, il est pendu à Berlin. Un autre général impliqué dans le complot, von Boineburg-Lengsfeld, qui dirigeait le *Gross Paris*, la garnison allemande de la capitale, est remplacé par von Choltitz. Une partie de la mission qui échoit alors à ce dernier, l'évacuation de l'agglomération par les services allemands qui n'y sont pas indispensables, est révélatrice de l'état d'esprit des autorités d'occupation.

Si l'action armée à Paris fut longtemps l'apanage des communistes, d'autres tendances de la Résistance risquent des actions dès le début de 1944. Le 28 juin au matin, c'est un commando d'un groupe franc du Mouvement de libération nationale (MLN) qui exécute le milicien Philippe Henriot, nommé quelques mois plus tôt secrétaire d'État à l'Information et à la Propagande par Pétain. Les conditions de l'opération, dans un quartier où les Allemands sont nombreux, révèlent une indéniable efficacité. Les jours suivants, des miliciens enlèvent et tuent des juifs et des opposants, notamment l'ancien ministre Georges Mandel qui représente aux yeux des collaborateurs le régime de la Troisième République.

Très dure sous l'Occupation, la vie quotidienne des Français des milieux populaires urbains est rendue dès le mois de juin 1944 plus difficile encore par la proximité des combats, obstacles supplémentaires à l'approvisionnement. La nourriture vient à manquer et, la production d'électricité étant avant tout thermique, la pénurie de charbon entraîne de fréquentes interruptions. Le gaz est souvent coupé et d'une faible pression, ce qui rend malaisée, en dépit de la fabrication artisanale de « tire-gaz » à l'efficacité douteuse, la confection des repas. Et les rares denrées sont difficiles à conserver en ces mois très chauds. Tout cela contribue à renforcer une opposition dont la nature est avant tout politique, comme en témoignent les démonstrations qui se multiplient. Bien que risquée, la manifestation patriotique est dès le début de l'Occupation, à Paris comme en province, une forme habituelle d'opposition aux nazis. Les premiers à s'y risquer ont été les lycéens et étudiants qui, le 11 novembre 1940, forment à l'Arc de Triomphe un cortège réprimé par la police française et l'armée allemande. Le choix des dates, à la signification d'autant plus prégnante que leur apprentissage dans le cadre scolaire est un véritable exercice initiatique, évoque des épisodes de l'histoire de France : fête de Jeanne d'Arc, fête nationale, bataille de Valmy, armistice de 1918. À deux reprises, au début du mois de juillet 1944, se tiennent des manifestations. Mais c'est évidemment à l'occasion du 14 juillet, à la résonnance tout autant patriotique que révolutionnaire, que le CNR et le Comité parisien de libération (CPL) appellent à des rassemblements. Ils ont lieu ce jour-là à l'Arc de Triomphe, sur la place de la République où les gardiens de la paix parisiens refusent d'intervenir, et dans des quartiers populaires. Des manifestations ont lieu également en banlieue. Celle qui part des Ateliers SNCF d'Évry pour déposer une gerbe au monument aux morts de Vitry-sur-Seine avant de se poursuivre jusqu'à la statue de Rouget-de-l'Isle à Choisy-le-Roi rassemble ainsi des centaines d'ouvriers. Au total, ce sont des dizaines de milliers de personnes, 100 000 si l'on recoupe diverses sources, qui descendent dans la rue ce jour-là dans le département de la Seine, alors que l'occupant est bien présent.

Un autre événement marque la fête nationale à Paris. La population de la prison de la Santé est de 4 634 détenus, dont environ 10 % à 20 % de prisonniers « politiques », c'est-à-dire de résistants. L'ambiance en milieu carcéral devient de plus en plus tendue à partir du Débarquement. Les détenus, les politiques comme ceux de droit commun, envisagent la perspective de leur libération. Le 13 juillet, la direction de la prison est mise au courant d'un projet de révolte. Elle renforce la garde pour le lendemain. C'est dans la nuit du 14 au 15 juillet 1944 que la mutinerie se déclenche, puis s'étend d'un quartier à l'autre. Après avoir arboré des drapeaux tricolores à leurs fenêtres et chanté *La Marseillaise* une partie de l'après-midi, les détenus politiques s'abstiennent d'y participer afin de ne pas donner à l'occupant un prétexte pour les exécuter. Les mutins enfoncent la porte de leurs cellules, puis tentent de sortir tandis que le personnel de surveillance se met à l'abri et que les gardes présents bloquent les sorties. Six détenus sont tués par des rafales d'arme automatique, et, craignant d'être dépassées, les autorités pénitentiaires font appel aux Allemands qui entrent peu avant minuit dans la prison, bientôt suivis par 200 miliciens. Mené par ces derniers, l'assaut est donné au matin et ne se heurte à aucune opposition. Une cour martiale siège alors au sein même de la prison. Sur les 45 détenus, tous de droit commun, qui comparaissent devant elle, 28 sont condamnés à mort et fusillés sur le champ.

Cet épisode symbolise le durcissement des derniers mois du régime de Vichy, durcissement qui va croissant à partir du débarquement en Normandie. Les ultras de la collaboration s'octroient de plus en plus de pouvoirs. Et, si Pierre Laval, alors chef du gouvernement de Vichy, tente notamment de faire appel à des hommes de la Troisième République, l'arrestation par la police allemande de l'ancien président du Conseil Édouard Herriot, le mercredi 16 août au soir, met un terme à ces tentatives. Les derniers convois pour l'Allemagne, qui comprennent surtout des prisonniers politiques, sont organisés dans les jours qui précèdent l'insurrection. Le 15 août, un train part de Pantin avec plus de 2 400 personnes ; un autre quitte Compiègne, le 18 août, avec 1 600 personnes, quelques heures après le passage d'une délégation qui tente d'en empêcher le départ. Dans la chaleur d'août, de nombreux détenus meurent avant d'arriver à destination. Même la tentative d'arrêter un de ces convois à Nancy échoue face aux ordres d'Himmler. Ces hommes et ces femmes n'auront pas la chance des 71 détenus d'un wagon parti de Marseille début août, repéré par les cheminots et détourné sur Annonay où les FFI les libèreront.

Les grèves

Tout au long des années d'occupation, les arrêts de travail ont été nombreux pour protester contre les conditions de vie, mais aussi pour manifester l'opposition du monde du travail aux Allemands et à Vichy. Malgré les tentatives du régime de s'approprier ce qu'il a transformé en « fête du travail », le Premier mai, journée traditionnellement revendicative, est ainsi chaque année l'occasion de grèves. C'est par ce mode d'action que se manifestent dans un premier temps les velléités insurrectionnelles.

Dès 1943, l'idée de la grève générale des cheminots avait été discutée au sein de la Résistance. Il était prévu de la mettre en œuvre en même temps que le « Plan vert » de sabotage du réseau ferré. Un comité central de grève des cheminots est constitué au printemps 1944 par les communistes, parmi lesquels on compte Raymond Tournemaine qui s'est évadé d'un camp en mai et dirige depuis la Fédération CGT clandestine et les Comités populaires des cheminots. C'est ce comité qui lance le 10 août 1944 un appel à la grève insurrectionnelle dans la région parisienne. En ce cas encore, la date n'est pas choisie par hasard et évoque la chute de la monarchie et la prise des Tuileries en 1792, épisode insurrectionnel de la Révolution française parmi les plus importants avec la prise de la Bastille. Le même jour, un appel des FTP donne des perspectives plus radicales : « Tous au combat ! [...] En avant pour l'insurrection nationale ! » Le 17 ou le 18, c'est le comité interfédéral des cheminots, qui regroupe les fédérations clandestines CFTC et CGT, qui lance un ordre de grève générale sur l'ensemble du territoire, ne faisant somme toute que prendre acte d'une situation où les syndicalistes de la CFTC et de toutes les tendances de la CGT sont déjà mobilisés. Le 21, alors qu'après la trêve de la veille les combats reprennent, le comité central de grève appelle les cheminots aux armes, entérinant là encore l'engagement de nombre de travailleurs du rail.

Très vite, d'autres groupes sociaux sont concernés. La journée du 15 août, c'est le cas des policiers. Deux jours plus tôt, à la suite d'un incident, des soldats allemands avaient en effet désarmé des gardiens de la paix en banlieue. Le travail s'interrompt peu à peu dans Paris et, le 17 août, 1 500 fonctionnaires manifestent place de l'Hôtel de Ville. Le lendemain, les postiers cessent de travailler et, le même jour, le personnel hospitalier se lance dans la grève, une démarche avant tout symbolique puisque les travailleurs des hôpitaux continuent à dispenser des soins aux personnes hospitalisées. Ce 18 août, alors que les journaux de la collaboration cessent de paraître, les organisations syndicales clandestines CGT et CFTC décident dans l'après-midi d'appeler l'ensemble du monde du travail à la grève générale. Elles rejoignent ainsi la dynamique déjà engagée, puisque sont placardées des affiches du commandant des FTP qui ordonne la mobilisation générale et celles des élus communistes appelant à l'insurrection. Quand bien même les grévistes prennent garde à ne pas causer de préjudice à la population, ces mouvements et les coupures de courant aggravent la pénurie qui, dans tous les domaines, devient plus aiguë encore.

Les plus engagés des Parisiens sont impatients d'en découdre. Les plus jeunes sont les plus enthousiastes, quitte à faire fi des consignes de prudence. C'est ainsi que tombe dans un piège un groupe de jeunes gens, membres des FTP et des Jeunes Chrétiens Combattants (JCC), qui espèrent des armes pour passer à l'action. Ils sont 35 à être capturés à Paris et conduits au bois de Boulogne où ils sont exécutés le 16 août. Sept autres sont fusillés rue Pierre-Leroux, entre le Luxembourg et les Invalides. Ce même jour, le jeune général de brigade Jacques Chaban-Delmas, délégué militaire national qui arrive de Londres, fait part de la défiance du général Pierre Koenig[2] face à une insurrection estimée prématurée. C'est également la position d'Alexandre Parodi* qui ne se résoudra à accepter le soulèvement que pour éviter la division. Tout au long de la journée du 17 août, les responsables de différentes instances de la Résistance se posent la question de la pertinence du déclenchement d'une insurrection. Le jour même, à midi et demi, Raoul Nordling signe avec von Choltitz à l'hôtel Majestic une convention qui met tous les détenus politiques internés[3] de Paris et de la proche banlieue, ainsi que tous les trains d'évacuation, sous l'autorité du consul général de Suède et sous la surveillance de la Croix-Rouge, évitant la déportation à 3 245 personnes. Le vendredi 18 août, le

2 Chef des FFI et déjà héros de la France libre après la bataille de Bir Hakeim, premier fait d'armes des Forces françaises libres contre l'armée allemande.

3 Ils sont internés dans les prisons de la Santé, du Cherche-Midi, de Fresnes, de Villeneuve-Saint-Georges, les hôpitaux du Val-de-Grâce, de la Pitié et de Saint-Denis ainsi que les camps de Drancy, de Compiègne et de Romainville.

beau temps succède à la pluie qui touche depuis trois jours, par intermittence, la région. Dans la journée, des mairies, en banlieue notamment, sont occupées par des résistants en armes. Le soir, les commandants de la gendarmerie de la Seine et de la garde (anciennement républicaine) se mettent à la disposition de la Délégation générale du GPRF. L'insurrection est devenue une perspective.

L'insurrection

Le samedi 19 août 1944

C'est en constatant que le drapeau tricolore flotte sur le grand édifice de la préfecture de police, dans l'île de la Cité, face à Notre-Dame, que quelques Parisiens surpris comprennent que la situation vient de basculer et que la ville se met d'elle-même au cœur de la tempête. C'est donc de bon matin, à sept heures, qu'environ 2 000 policiers occupent la préfecture de police à l'appel des trois organisations de Résistance de la police. Bien visible, un drapeau bleu-blanc-rouge est déployé sur le toit du bâtiment de l'île de la Cité. Le préfet de police est destitué et les plus notables collaborateurs parmi les policiers sont arrêtés par leurs collègues, souvent dans les locaux même de l'administration. C'est à ce moment que Rol-Tanguy passe à bicyclette devant le bâtiment, son uniforme de colonel sur le porte-bagages. Il entre dans la cour, harangue les agents, puis en repart dans une traction avant conduite par un policier mis à sa disposition. Les événements se précipitent alors. À 11 heures, le CPL et le CNR se décident à appeler à l'insurrection. À 11 h 15, Charles Luizet, nommé par le GPRF, assume les fonctions de préfet de police. Un peu partout dans la ville et en banlieue, des résistants pressés d'en découdre, pour la plupart dans des groupes FFI d'arrondissement, s'attaquent aux Allemands et prennent d'assaut des bâtiments publics. Des détachements qui traversent Paris en provenance du front sont pris sous le feu des insurgés avec des patrouilles ou des véhicules isolés. Des résistants s'assurent des sièges des journaux désertés par les collaborateurs dans le quartier de la presse. Parfois, l'occupant riposte avec vigueur, comme à Neuilly-sur-Seine où, dans l'après-midi, il reprend la mairie occupée par un groupe de FFI. Investi par les cheminots, le dépôt ferroviaire de la Villette, celui du réseau qui dessert l'est du pays, subit l'assaut d'une troupe de plusieurs centaines de soldats allemands.

En début d'après-midi, Alexandre Parodi confie le commandement de l'ensemble des forces de la Résistance de la ville à Henri Rol-Tanguy, qui transfère son poste de commandement dans des locaux souterrains près de la place Denfert-Rochereau, dans le 14e arrondissement. Il est ainsi proche des portes où les alliés qui sont à l'ouest pourraient entrer dans la ville. Cette situation de double pouvoir est significative de la nature révolutionnaire et plus seulement insurrectionnelle des événements. Le consul de Suède constate : « Au beau milieu de Paris occupé, les gaullistes, sur l'ordre du gouvernement français, s'étaient installés et avaient déjà pris en main la direction des affaires ! » Au bassin des Tuileries, à un kilomètre de la préfecture de police, des enfants s'amusent avec leurs petits bateaux à voile tandis qu'à 150 mètres d'eux, rue de Rivoli, des soldats allemands en tenue de combat s'apprêtent à parer à une éventuelle attaque.

Dans l'après-midi, au centre de la ville, la préfecture de police est la véritable forteresse de l'insurrection, situation tactiquement critiquable, d'autant que les agents sont mal armés et que des chars se mettent en position à proximité. À deux reprises, les Allemands tentent en vain d'investir le bâtiment. En fin d'après-midi, Nordling rencontre von Choltitz alors que Parodi en ordonne l'évacuation. Mais le Comité de libération de la police parisienne refuse, et les policiers y demeurent tandis qu'une première trêve est décidée à 20 h 40 pour un peu moins d'une heure dans le périmètre proche de la préfecture de police afin de secourir les blessés. Une heure plus tard, la trêve est prolongée jusqu'au lendemain, ce qui n'empêchera pas un groupe de résistants de s'emparer au petit matin de l'Hôtel de Ville, sur la rive droite de la Seine, et d'en faire la deuxième place forte de l'insurrection. Le principal problème des insurgés n'en demeure pas moins le manque d'armements. Les attaques de véhicules allemands ont aussi pour but de récupérer des armes et des munitions. Une fabrication artisanale de cocktails Molotov, des bouteilles incendiaires qui s'enflamment en se brisant, est improvisée dans divers lieux. À la préfecture de police, c'est la cave du préfet qui est vidée et les bouteilles récupérées.

Le dimanche 20 août 1944

Au matin du 20 août, plus significatifs des divisions de la Résistance que de l'importance de l'arrêt des combats, les débats sont virulents à propos de la trêve. Celle-ci est dénoncée par les uns, notamment les communistes, comme une véritable trahison, mais jugée par d'autres comme indispensable pour éviter que l'insurrection ne soit écrasée. Dans des voitures à haut-parleur, des petites délégations comprenant soldats allemands et agents avec brassards FFI annoncent la trêve. La situation n'en demeure pas moins confuse, et les affrontements se multiplient. Comme la veille et toujours à la surprise de leurs occupants, des véhicules allemands qui arrivent du front sont attaqués. À l'Hôtel de Ville, investi par la Résistance pendant la nuit, le nouveau préfet de la Seine, nommé par la Délégation générale, est accueilli par les FFI au garde-à-vous. Épisode surprenant, dans l'après-midi, Parodi et deux de ses proches sont arrêtés et conduits devant von Choltitz qui les fait rapidement libérer après un entretien. À l'évidence, le général allemand, qui a reçu des consignes très strictes mais n'a pas les moyens de les appliquer, joue plutôt l'apaisement. Pendant ce temps, aux environs du Mans, de Gaulle, informé des événements, rencontre le général américain Dwight D. Eisenhower qui commande les troupes alliées sur ce front. Il lui explique les risques que fait peser sur Paris la situation qui se dégrade.

Le lundi 21 août 1944

La trêve est peu respectée, aussi bien du côté des résistants que de celui des Allemands qui pour beaucoup ne comprennent pas les subtilités de leur commandement. Le 21, des barricades sont érigées au quartier Latin et dans d'autres parties de la ville, rendant plus difficile la circulation. Les échanges de tirs sont si meurtriers à l'intersection des boulevards Saint-Michel et Saint-Germain que l'endroit y gagne le surnom de « Carrefour de la mort ». Lorsque, le lendemain, Rol-Tanguy lancera son appel « Tous aux barricades ! », elles existent bel et bien. Le plan que l'on peut en dresser révèle la volonté de bloquer certains axes (la rue Lafayette, la rue Diderot, les boulevards des Maréchaux entre la Seine et le canal de l'Ourcq…), mais montre aussi que des quartiers sont libérés (aux Batignolles, aux Buttes-Chaumont, à Belleville, à la Butte-aux-Cailles…). Leur construction donne une nouvelle impulsion à l'action des Parisiens qui y participent nombreux, souvent dans une atmosphère festive en dépit des dangers. L'intervention du syndicat CGT clandestin des terrassiers donne une dimension professionnelle à ces barrages, tout comme l'étude par le service municipal des égouts d'une éventuelle inondation d'ouvrages où se terre l'occupant. Dans toute l'agglomération ont lieu des escarmouches. Ainsi, des Allemands et quelques collaborateurs capturés dans le 20e arrondissement sont gardés par les policiers dans des bâtiments publics. Dans ce quartier hérissé de barricades, le poste de police de Charonne est attaqué par un détachement allemand appuyé par des blindés légers ; deux gardiens de la paix sont tués et les prisonniers délivrés.

Pendant les combats, des gestes politiques affirment que l'heure est au changement. À la fin de la journée, Parodi ayant donné son accord, les périodiques de la Résistance paraissent et sont diffusés au grand jour. Les journaux des mouvements résistants (*Défense de la France*, *Combat*, *Libération*…) mais également les périodiques des partis participant aux instances de la France combattante (*Le Populaire* socialiste et *l'Humanité* communiste) sont ainsi vendus à la criée. C'est aussi ce jour-là qu'Yvon Morandat, un adjoint de Parodi, prend possession au nom du GPRF de l'hôtel Matignon, abandonné par Laval qui a quitté Paris le 17 août. Là, une centaine de gardes chargés de la protection du chef du gouvernement passent du côté des nouvelles autorités.

Le mardi 22 août 1944

Le mardi matin, alors qu'il fait déjà très chaud, les escarmouches continuent. Dépêché par Rol-Tanguy, Roger Cocteau, alias Gallois, commandant FFI, parvient à passer les lignes et à joindre l'état-major du général américain Omar N. Bradley*. Là, il plaide pour une intervention des armées alliées, et parvient à rencontrer Leclerc qui, la veille, a déjà envoyé un détachement vers Paris, sans même l'avis de l'état-major allié. Ce jour, Hitler réitère l'ordre donné trois jours plus tôt à von Choltitz de défendre Paris, sans hésiter à y périr et si besoin d'en faire un « tas de ruines », en détruisant notamment les ponts qui risquent d'être utilisés par les Alliés. Dans l'après-midi, des affiches signées « Rol » sont placardées dans la ville : « Tous aux barricades ! » D'une haute portée symbolique et politique, un conseil présidé par Parodi se tient à Matignon et réunit les secrétaires généraux provisoires des ministères. C'est ce même jour qu'Eisenhower se résout à modifier ses plans et laisse Bradley donner à la 2e DB l'ordre de marcher sur Paris. Deux itinéraires sont alors empruntés, l'un par Rambouillet, l'autre par Chartres tandis qu'un détachement avancé, envoyé plus tôt, est déjà vers Trappes.

Le mercredi 23 août 1944

Au matin du 23, les flammes qui surgissent du Grand Palais, en plein centre de Paris, peuvent laisser croire que l'occupant a décidé de pratiquer la tactique désormais familière de laisser derrière lui un champ de ruines. En réalité, si ce bâtiment emblématique de la ville-lumière à la Belle Époque est incendié vers 9 heures, c'est presque par accident. Une colonne allemande qui arrive de Normandie et traverse la ville par les Champs-Élysées est mitraillée. Elle riposte à l'arme lourde et fait sauter le commissariat adjacent où sont retranchés des insurgés. Plus de deux heures de combats permettent aux Allemands de venir à bout des FFI et des policiers qu'ils assiègent tandis qu'ils empêchent les pompiers de lutter contre l'incendie. Ce sera la seule destruction d'un édifice prestigieux à Paris lors de la Libération. Pour l'heure, ce sinistre ajoute à la confusion alors que les escarmouches sont moins nombreuses dans la ville, les troupes d'occupation se hasardant rarement en dehors de leurs réduits. Le jour même, la radio anglaise annonce par erreur que Paris est libéré. Hitler, prévenu et un peu décontenancé d'avoir au téléphone von Choltitz qui dément, ne lui en donne pas moins des ordres stricts de destruction. Partie tôt le matin, après avoir parcouru 200 kilomètres et affronté à plusieurs reprises des unités allemandes, la 2e DB est le soir pour partie vers Limours, pour partie vers Rambouillet.

Le jeudi 24 août 1944

Après l'orage de la nuit, les combats continuent. Moins intensifs, ils confirment toutefois l'impression que la ville s'est soulevée. La veille, dans le tunnel des Buttes-Chaumont de la ligne de petite ceinture, les FFI des 19e et 20e arrondissements s'étaient emparées d'un train de ravitaillement ennemi. Ce jeudi, après l'attaque de la gare de Belleville, des dizaines de soldats allemands se réfugient dans le même tunnel. Ils en sont délogés et se rendent, tandis que les FFI mettent à nouveau la main sur de précieuses armes et munitions. En début d'après-midi, l'avant-garde des chars de la 2e DB est confrontée aux défenses antichars allemandes, entre la Croix-de-Berny et Fresnes, au sud de Paris. Dans la soirée, un fort détachement arrive à Versailles, où les marsouins et les spahis sont accueillis par une foule enthousiaste. Paris n'est plus qu'à quelques kilomètres, et les soldats de Leclerc entendent les cloches des églises de la capitale sonnant à toute volée tandis que tombe le jour.

La libération

Le soir du 24 août 1944

C'est en entendant le bourdon de Notre-Dame, puis les cloches de toutes les églises que les Parisiens prennent conscience que « c'est bien vrai », les soldats de l'armée de Leclerc viennent d'entrer dans la ville. Il n'est pas dix heures du soir, la nuit est à peine tombée et, avec l'arrivée des troupes régulières de la France libre, l'insurrection vient de se transformer en libération.

À la fin de l'après-midi du 24, à 17 h 45 précisent les archives de la préfecture de police, un petit avion a suscité un espoir un peu fou, confirmant les rumeurs qui parcourent la ville depuis les premiers coups de fusil. Leclerc a envoyé le Piper-cub de l'artillerie divisionnaire lancer au-dessus de l'île de la Cité un message très court : « Tenez bon. Nous arrivons. » En effet, les soldats arrivent. En début de soirée, à la Croix-de-Berny, à moins de huit kilomètres de la porte d'Orléans, le chef de la 2e DB donne au capitaine Raymond Dronne* l'ordre de « file[r] droit et entre[r] » dans la ville et précise : « Dites aux Parisiens que demain la division sera tout entière dans Paris. » Le détachement, composé de la *Nueve*, d'une compagnie de chars de combat Sherman et d'une section du génie, file et, un peu avant 21 heures, pénètre dans Paris par la porte d'Italie. Suivi de ses hommes, le capitaine, dans sa jeep, remonte l'avenue pour aller place d'Italie, puis descend le boulevard de l'Hôpital jusqu'à la Seine qu'il franchit au pont d'Austerlitz, tourne alors à gauche, suit les quais jusqu'à l'Hôtel de Ville. Il est accueilli par Georges Bidault, les résistants qui tiennent l'édifice municipal depuis cinq jours, les responsables du CNR et du CPL, tandis que la foule commence à se rassembler. À la radio, aux mains des insurgés depuis le 18, Pierre Schaeffer demande que sonnent les cloches de toutes les églises de la capitale. Le reste de la division n'est pas loin. Elle campe dans la banlieue sud où les troupes allemandes ont presque toutes déclaré forfait.

Le vendredi 25 août 1944

Dès l'aube, la 2e DB entre dans Paris[4]. Un groupement passe la porte d'Orléans, prend vers l'ouest par les boulevards des Maréchaux jusqu'à la Seine qu'il remonte pour se rendre à la tour Eiffel en s'assurant des ponts. Il se déploie alors sur le Champ-de-Mars pour attaquer l'École militaire. Le siège dure cinq heures. Il ne prend fin qu'avec l'assaut auquel participent les FFI et les sapeurs-pompiers de Paris dont le régiment tout entier s'est rangé du côté de l'insurrection. Un autre groupement entre par le sud-ouest et remonte vers l'Arc de Triomphe. Une bataille de chars se tient vers la place de l'Étoile. Des détachements s'attaquent aux Invalides. Les Allemands se montrent tenaces dans l'ensemble d'immeubles formé par ceux du Quai d'Orsay, du ministère des Affaires étrangères et le Palais-Bourbon, dont la défense est bien organisée. Un détachement, entré par la porte de Saint-Cloud, fonce en direction de la place de l'Étoile puis de celle de la Concorde, à proximité de plusieurs *Stützpunkte* (« points d'appui renforcé ») qui constituent les principaux objectifs. Le groupement tactique, commandé par le colonel Pierre Billotte entre dans Paris par la porte de Gentilly, se

4 Ces itinéraires peuvent être suivis sur le plan en annexe.

dirige vers le Sénat et descend la rue Saint-Jacques, longe la Sorbonne pour joindre la préfecture de police où se trouvent déjà les soldats arrivés la veille au soir. Les Américains du 12e régiment d'infanterie pénètrent en fin de matinée par la porte d'Italie. Si un détachement atteint l'île de la Cité, la plus grande partie traverse le pont d'Austerlitz et, de la place de la Bastille, se déploie en évoluant vers l'est.

Cette matinée est étrange. Les véhicules, blindés pour beaucoup, progressent au milieu de la population en liesse, mais les trajets sont parsemés de combats où soldats de la 2e DB et FFI se retrouvent au coude-à-coude, les uns aguerris et bien armés, les autres connaissant parfaitement le terrain. Entré dans la capitale par la porte d'Orléans, Leclerc arrive dans la matinée à Denfert-Rochereau où il trouve Chaban-Delmas. Il décide d'installer son PC gare Montparnasse, en un secteur où il n'y a plus d'Allemands. Un peu après midi, il est à la préfecture de police où il rejoint le préfet Luizet et deux généraux américains, mais aussi plusieurs de ses adjoints. Billotte rédige l'ultimatum qu'il fait transmettre par Nordling à von Choltitz. Le général allemand décline la proposition. Des unités françaises se lancent alors à l'assaut de l'hôtel Meurice. Pendant deux heures, les chars, les fantassins et les FFI s'attaquent aux poches allemandes de la rive droite de la Seine au centre de Paris. Au ministère de la Marine, à l'hôtel Crillon, etc., c'est par centaines que les Allemands se rendent. Lorsque le lieutenant André Karcher, qui a fait avec Leclerc les campagnes du Gabon et de Lybie, pénètre dans l'hôtel Meurice, il se bat encore avant de pouvoir pénétrer dans le bureau de von Choltitz. Le général allemand se rend en lui remettant son épée et son pistolet. Il est alors conduit à la préfecture de police où, dans la salle de billard, il signe avec Leclerc les conditions de capitulation des forces allemandes de la région de Paris. Il est ensuite transporté gare Montparnasse en *Scout Car*. Là, il signe les ordres de cessez-le-feu qui sont transmis dans les derniers centres de résistance allemande par des officiers des deux camps.

C'est vers 16 heures que de Gaulle entre dans la capitale en train de se libérer, avec à ses côtés le général Alphonse Juin nommé chef d'état-major de la Défense nationale après avoir transmis le commandement des troupes en Italie au général de Lattre. Il se rend à Montparnasse où il est accueilli par Leclerc, qui a à ses côtés Rol-Tanguy. Le chef de la 2e DB lui présente l'acte de capitulation. La signature du chef communiste des FFI de Paris, notamment le fait que sur le document elle précède celle de Leclerc, déplaît fortement au chef de la France combattante, et il le fait savoir. Cela ne l'empêche pas de saluer les deux hommes. Il part ensuite pour le ministère de la Guerre avant de se rendre à la préfecture de police puis à l'Hôtel de Ville où il prononce son célèbre discours. L'intensité des combats marque la journée, permettant notamment de se rendre compte de l'efficacité des services mis en place par la Résistance. Les hôpitaux répondent aux sollicitations tandis qu'un service postal des FFI assure la distribution du courrier. Les lettres sont affranchies avec des timbres de l'État français dont le portrait de Pétain est surchargé d'une croix de Lorraine voire avec un timbre « Poste spéciale FFI » à l'effigie de De Gaulle.

L'entrée des soldats de Leclerc dans la bataille ne doit pas faire oublier que c'est toute la ville, les quartiers populaires surtout, qui se bat ce jour-là contre l'occupant. Dans le 18ᵉ arrondissement, les FFI attaquent la caserne Clignancourt bien défendue par les Allemands. Depuis cinq jours, les FFI du colonel Fabien, qui a installé son poste de commandement dans le 13ᵉ arrondissement, harcèlent les forces allemandes retranchées dans et autour du Sénat. Ils sont rejoints au matin du 25 août par les blindés d'un détachement de la 2ᵉ DB, et c'est un véritable siège qui s'engage. À 17 h 30, après le passage d'officiers en portant l'ordre, la reddition s'effectue, en dépit de la mauvaise volonté des officiers SS qui commandent. Reste le dernier bastion, la caserne de la place de la République, défendue notamment par plusieurs pièces d'artillerie. Dès l'aube, un groupe des FFI a mené sans succès l'assaut. L'arrivée de la *Nueve*, une attaque systématique des équipements, des *blockhaus*, les tirs opérés par les FFI depuis les toits d'immeubles voisins, des renforts de soldats français, tout concourt à faire comprendre aux Allemands qu'il vaut mieux cesser le combat. La garnison, plusieurs centaines d'hommes, capitule quand arrive l'ordre de von Choltitz. Le soir, des troupes allemandes cantonnées dans la proche banlieue, à Palaiseau et à Champigny-sur-Marne, se rendent, mais les combats se prolongent dans les quartiers situés entre la gare Saint-Lazare et la gare de l'Est.

L'apothéose du 26 août 1944

Si la plupart des Allemands se sont rendus, notamment dans Paris *intramuros*, quelques îlots résistent, et, tout au long du 26 août, FFI et soldats de Leclerc s'attachent à les réduire. Les troupes allemandes ont beau être encore présentes au nord de la ville, de Gaulle tient pourtant à ce qu'ait lieu la manifestation qui fera de cette journée une date de l'histoire de France, la descente triomphale des Champs-Élysées puis un trajet qui passe par l'Hôtel de Ville pour se rendre à Notre-Dame. Le défilé doit être escorté par des véhicules de diverses unités de la 2e DB qui y participent ainsi, en dépit des ordres du général américain Gerow, le supérieur de Leclerc.

De Gaulle passe d'abord en revue un détachement du régiment de marche du Tchad puis dépose une gerbe sur la tombe du soldat inconnu. Ensuite, accompagné de membres du GPRF, de Parodi notamment, du préfet de police et du préfet de la Seine, de membres du CNR, dont Bidault, de membres du CPL, des généraux Leclerc, Juin, Koenig, il descend à pied jusqu'à la Concorde les deux kilomètres des Champs-Élysées. Même avec les grandes jambes du général de Gaulle qui donne le rythme, cela prend une vingtaine de minutes. Il monte alors dans une voiture décapotable et suit la rue de Rivoli jusqu'à l'Hôtel de Ville, où il s'arrête brièvement. Puis il se dirige vers Notre-Dame, sur l'île de la Cité, en face de la préfecture de police. Entre ce qui fut la place-forte de l'insurrection et la cathédrale, l'Hôtel-Dieu accueille encore au cœur de la ville insurgée des dizaines de blessés. De nombreux cadavres attendent l'inhumation dans des morgues improvisées. C'est sur le parvis, alors qu'il vient de descendre de la voiture, qu'éclate une fusillade. Des tirs visant apparemment le public déclenchent une riposte désordonnée des diverses forces présentes sur le parvis et à l'intérieur même de la cathédrale. Alors que de nombreuses personnes se jettent à terre, Leclerc comme de Gaulle, que sa taille rend plus imposant, demeurent debout. Témoin des incidents, la jeune résistante Madeleine Riffaud* en est des décennies plus tard encore impressionnée : « Il m'a soufflée, le Général ! » Quant au cardinal Suhard, archevêque de Paris, il espérait pouvoir accueillir les nouvelles autorités. De Gaulle lui fait savoir dès le matin qu'il est indésirable du fait de sa sympathie pour le régime de Vichy affichée jusqu'aux semaines précédentes. Comme il n'est pas possible d'utiliser les orgues, il n'y a pas de *Te Deum* et c'est un *Magnificat* qui couronne la journée.

Les lendemains

C'est en entendant les avions allemands et le bruit des bombes, dans la nuit qui suit la folle journée du 26 août, que les Parisiens se rendent compte que la guerre n'est pas tout à fait terminée. Le dimanche 27, le journal *Libération* titre : « Paris a connu hier un jour de gloire, mais les Allemands et leurs collaborateurs ont tenu à ensanglanter la cité libérée. » Contrairement aux raids alliés, ce bombardement n'a pas d'objectif précis. Il s'agit de terroriser la population, de la punir : 120 personnes sont tuées dans neuf arrondissements, notamment ceux du centre que les bombardements précédents n'avaient pas touchés. À l'hôpital Bichat, huit infirmières, dix malades et trois enfants périssent sous les bombes. Des bâtiments comme ceux de la halle aux vins sont détruits. Dans l'ensemble du département de la Seine, c'est 190 victimes qui sont à déplorer. Ces morts sont les derniers de la guerre à Paris. Les Allemands, lors de leur ultime bombardement de la capitale au soir du 26 décembre 1944, ne parviendront, quatre mois plus tard, qu'à larguer cinq bombes, notamment dans le jardin des Tuileries. Une autre menace est écartée. Les stratèges du Reich comptaient utiliser leurs fusées supersoniques V2 dès le début du mois de septembre. L'avance alliée les fait renoncer. Ils préférèrent concentrer leurs tirs sur Londres.

Il est clair pourtant que l'apothéose des Champs-Élysées est survenue très tôt. Dès son issue, deux groupements de la 2e

DB partent pour le nord de la ville tandis que le troisième se porte en banlieue ouest pour réduire les dernières défenses allemandes. Les 27 et 28 août, les combats sont rudes au Bourget, aux alentours de l'aéroport, entre des unités de la 47e division d'infanterie allemande et la 2e DB aidée par des détachements de FFI. Leur contre-offensive bloquée après quatre jours de combat dans l'est de l'agglomération, les Allemands, définitivement repoussés, poursuivent leur retraite. Le dimanche 27, le chef de la France libre rencontre les dirigeants militaires de l'insurrection. Au début de la semaine suivante, de Gaulle reçoit à Paris le général Eisenhower qui participe à une cérémonie devant la tombe du soldat inconnu. Puis la 28e DIUS défile sur les Champs-Élysées. Le 31 août, le GPRF s'installe à Paris où il est profondément remanié trois jours plus tard.

Paris s'est libéré, et dans tout le pays les événements se précipitent. Le 19, premier jour de l'insurrection parisienne, la garnison d'Annecy se rend. Le 22, le jour même où Leclerc reçoit l'ordre d'avancer sur Paris, c'est Toulouse qui se libère. Le 28 août, après de durs combats, Marseille est libérée. Les troupes débarquées en Provence remontent la vallée du Rhône et sont le 3 septembre à Lyon que les Allemands viennent d'évacuer en faisant sauter les ponts du Rhône et de la Saône. Montpellier est libéré le 29 août, Rouen le lendemain. Un peu partout dans le pays, les troupes allemandes se retirent précipitamment, se livrant parfois à des horreurs. Ainsi, le 25 août, à Maillé, un petit bourg d'Indre-et-Loire, la *Wehrmacht* massacre 124 civils (dont 44 enfants et 42 femmes).

Pendant les journées qui suivent la libération de la capitale, des volontaires, qui pour la plupart se sont déjà battus, s'engagent directement dans la 2e DB et, après plusieurs semaines d'instruction, sont intégrés dans les diverses unités, voire en constituent une. C'est ainsi qu'un millier de FFI forment la colonne « Fabien », du nom de leur chef. Ils partent se battre sur le front et, prenant le nom de Groupe tactique « Lorraine » (GTL), rejoignent l'armée du général Patton.

CHAPITRE

3 * DES INDIVIDUS DANS L'ÉVÉNEMENT

La question des biographies dans l'approche d'un événement ou d'un phénomène est coutumière au praticien des sciences sociales. Il s'agit d'un jeu d'échelle qui va du destin collectif à celui de l'individu, tant l'un et l'autre s'expliquent mutuellement. Se pose très vite le problème du choix. Faut-il privilégier les « vedettes » au risque d'ignorer le personnage de la base, souvent essentiel et dont la vie nous permet de comprendre l'événement ? Tout *corpus* de biographiés est contestable s'il n'est pas exhaustif, et c'est à l'évidence le cas de celui-ci. Des individus peu connus y côtoient des personnages notoires, mais le parti pris d'un ordre alphabétique affirme qu'il n'y a pas de hiérarchie. Il s'agit bien d'un ouvrage sur la libération de Paris, et ces récits de vie ne dépassent pas l'été 1944, quand bien même nombre d'entre eux ont eu une carrière ultérieure. Le choix a été fait de ne pas présenter le plus célèbre des acteurs de la Libération, Charles de Gaulle, bien connu et déjà là dans les récits, dans les sons (chacun garde en sa mémoire auditive le discours de l'Hôtel de Ville) et dans les images de Paris libéré, de Montparnasse à Notre-Dame en passant par les Champs-Élysées.

Omar N. Bradley, le général américain (né dans le Missouri en 1893, mort en 1981)

D'une famille de fermiers du Midwest, après des études à l'académie militaire de West Point où il côtoie Dwight D. Eisenhower qui, en 1944, commandera les armées alliées sur le front français, Omar Bradley est affecté en 1915 dans l'infanterie, sur la frontière avec le Mexique. La Grande Guerre, à laquelle les Américains ne participent qu'à partir de 1917, se termine trop vite pour que le jeune officier ait le temps de participer aux combats. Sa carrière fait alors alterner des commandements et des postes d'enseignant à West Point. Après l'attaque japonaise contre Pearl Harbour, en 1941, il doit encore attendre deux années avant d'être affecté dans une zone de combats, en Afrique du Nord. Il fait ensuite la campagne de Sicile en juillet-août 1943 et reçoit le commandement de la 1re armée pour celle de Normandie. Fin juillet, il prend la tête du 12e groupe d'armées. Peu intéressé par les aspects politiques du conflit, il ne perçoit pas l'importance d'une éventuelle libération de Paris. Sous ses ordres, le major-général Leonard Gerow commande le 5e corps dont fait partie la 4e division d'infanterie que Bradley et Eisenhower décident d'envoyer à Paris le 22 août et qui, trois jours plus tard, participe aux combats dans la ville.

Albert Camus, le journaliste résistant (né dans le Constantinois, en Algérie, en 1913, mort en 1960)

De milieu ouvrier, ayant perdu son père dans la Grande Guerre avant son premier anniversaire, Albert Camus grandit dans un quartier pauvre. Boursier, il suit des études secondaires au lycée puis des études de philosophie à l'université d'Alger. Militant au parti communiste algérien à partir de 1935, il en est exclu en 1937, notamment du fait de ses positions anticolonialistes. Souffrant de tuberculose, ne pouvant donc enseigner, il devient journaliste à *Alger républicain* et se lance dans la littérature. Antifasciste et pacifiste au début de la guerre, il s'oppose très vite au régime de Vichy alors qu'il est à Oran. La publication en 1942 d'un roman, *L'Étranger*, et d'un essai, *Le Mythe de Sisyphe*, lui valent une certaine notoriété.

Parti en France pour soigner sa tuberculose, il y reste notamment du fait du débarquement allié en Afrique du Nord. C'est au Chambon-sur-Lignon qu'il rejoint la Résistance en 1943. Il y est ensuite actif notamment à Paris, sous le pseudonyme de « Bauchard ». Son ami Pascal Pia, qui l'avait aidé au début de sa carrière de journaliste, lui propose de s'occuper d'une publication clandestine, *Combat*. Cette feuille paraît depuis novembre 1941 et est l'organe du mouvement du même nom, dirigé par Henri Frenay. À partir de l'automne 1943, Camus fait partie avec Pia de la petite équipe qui la dirige, prenant la suite de grands noms de la Résistance, Georges Bidault et Claude Bourdet, puis en est rédacteur en chef à la sortie de la clandestinité. Partisan de la transformation du bulletin clandestin en un véritable journal, il suscite des articles de grands écrivains proches de la Résistance et c'est lui qui conseille à Jean-Paul Sartre de changer d'adresse lorsque *Combat* est victime de répression. Lui-même échappe à une rafle et passe dans la clandestinité en Seine-et-Marne lorsque plusieurs membres du mouvement, dont Claude Bourdet, sont arrêtés. Lors de l'insurrection, c'est sur la proposition de Camus que Sartre écrit une série d'articles, « Un promeneur dans Paris insurgé », dont le premier paraît le 28 août en une du quotidien diffusé dans la capitale ; ce témoignage fort riche est déjà une analyse : « Il y a une géographie de l'insurrection. » Dès le 21 août, le premier numéro est vendu à la criée dans Paris insurgé avec un éditorial de Camus : « Le combat continue. » Ces jours-là, le nouveau quotidien choisit sa manchette : « De la Résistance à la Révolution ». Les journées d'août demeureront pour lui un moment essentiel et, dans un éditorial de *Combat* en octobre 1945 comme dans une correspondance privée, il n'hésite pas à parler des « jours merveilleux de l'insurrection ».

Raymond Dronne, l'officier de la 2e DB (né dans la Sarthe en 1908, mort en 1991)

Enfant d'agriculteurs, après avoir suivi des études supérieures dans des universités allemandes puis à Paris, il devient administrateur des colonies en 1938. Présent en Afrique, il peut rejoindre dès août 1940 le colonel Leclerc. C'est parce qu'il est un de ses meilleurs officiers et un des premiers ralliés à la France libre que Leclerc choisit Raymond Dronne pour le mettre à la tête de la *Nueve*, seul un tel homme pouvant commander ces soldats très motivés et déjà, pour beaucoup, aguerris. C'est lui qui, à la tête de ses véhicules, entre à Paris par la porte d'Italie le jeudi 24 au soir, puis pousse jusqu'à l'Hôtel de Ville. Il participe ensuite, avec les FFI, à la prise du central téléphonique de la rue des Archives. À propos de ses soldats de la *Nueve*, il écrit qu'ils n'avaient pas l'esprit militaire : « Quelques-uns étaient même antimilitaristes. Mais ils étaient de magnifiques soldats, des guerriers courageux et expérimentés. » Ce sont quelques-uns d'entre eux qui, après la prise du « nid d'aigle d'Adolf Hitler » à Berchtesgaden en 1945, détruiront le drapeau à croix gammée qui y flottait. Forte personnalité, il avait inscrit « Mort aux cons » sur ses jeeps successives, dont celle qui est entrée dans Paris.

Leclerc, Philippe de Hauteclocque dit, le général français (né dans la Somme en 1902, mort en 1947)

D'une famille de noblesse terrienne, il suit des études à l'école militaire de Saint-Cyr, est affecté en 1924 dans la cavalerie et choisit d'aller servir au Maroc. Nommé capitaine en 1934, il suit une formation à l'école supérieure de guerre. Lors de la « drôle de guerre », il est affecté à un état-major de division. Prisonnier, Philippe de Hauteclocque s'évade et reprend le combat, est blessé, capturé et s'échappe une seconde fois. Il parvient à Londres le 22 juillet 1940, rencontre de Gaulle trois jours plus tard et s'engage dans l'armée de la France libre. Il adopte le pseudonyme de Leclerc, nom assez répandu, afin que ses proches ne soient pas victimes de la répression vichyste (sa femme et ses six enfants sont restés en France). Il part ensuite pour le Cameroun, qu'il rallie le 27 août 1940 à la France libre. À partir du Tchad, il effectue en 1941 plusieurs incursions dans le Sahara au cours desquelles il harcèle les troupes italiennes. Le 1er mars, il s'empare de Koufra où il prête avec ses hommes serment « de ne déposer les armes que lorsque nos couleurs, nos belles couleurs, flotteront à nouveau sur la cathédrale de Strasbourg ». Promu général, il effectue à Tripoli en janvier 1943 la jonction avec la 8e armée britannique, puis fait la campagne de Tunisie et forme au Maroc la 2e division blindée. Le 1er août 1944, sous commandement américain, il débarque à la tête de sa division en Normandie. Pressé par de Gaulle, ayant obtenu l'ordre de Bradley le 22 août, il fonce avec ses troupes sur Paris. Il y parvient le 25 et reçoit la capitulation de von Choltitz. Après avoir descendu triomphalement les Champs-Élysées aux côtés de De Gaulle dans l'après-midi du 26, il quitte Paris pour accomplir, en libérant Strasbourg le 23 novembre, le serment de Koufra.

Raoul Nordling, le consul de Suède (né à Paris en 1881, mort en 1962)

De mère auvergnate et de père suédois, il fait ses études au lycée Janson-de-Sailly, à Paris, avant d'être nommé en 1905 vice-consul sous l'autorité de son père, consul général de Suède. La Grande Guerre, pendant laquelle il organise le retour en Suède de plusieurs centaines de personnes, lui permet d'acquérir une expérience de diplomate d'une puissance neutre (mais dont les classes dirigeantes sont germanophiles) au cours d'un conflit. Il est nommé ensuite consul, puis consul général avec des prérogatives assez larges puisque les représentants des petits pays n'ont alors pas le titre d'ambassadeur. Le rôle du consulat est de protéger les intérêts suédois, qui sont presque toujours de nature économique. Nordling est quant à lui personnellement intéressé du fait de son activité d'homme d'affaires, étant président-directeur d'une entreprise familiale qui fait notamment affaire avec des entreprises allemandes.

Avec l'accord du souverain, qui en espère un surcroît d'honorabilité pour la Suède, son action au cours du mois d'août 1944 est loin d'être négligeable. Raoul Nordling rencontre au moins cinq fois von Choltitz, négocie le 17 août la libération de plus de 3 000 prisonniers politiques en passe d'être envoyés dans les camps d'outre-Rhin. Pendant la semaine de l'insurrection, il vit constamment au consulat, sans lumière électrique, mangeant des sardines et du thon en conserve. Dès le 19 au soir, il participe à la négociation de la trêve. Après l'arrestation de Parodi, il se porte garant de son autorité et favorise sa libération. Le 25 août, c'est lui qui transmet l'ultimatum au commandant du *Gross Paris*. Après la Libération, il demeure encore quinze ans consul général de Suède.

Alexandre Parodi, le délégué général du Gouvernement provisoire (né à Paris en 1901, mort en 1979).

Fils d'un philosophe inspecteur général de l'Éducation nationale, Alexandre Parodi entre au Conseil d'État en 1926 comme auditeur pour en devenir maître des requêtes en 1939. Ce haut fonctionnaire, spécialiste du droit administratif qu'il contribue à forger, assume également des responsabilités au Conseil national économique et, épisodiquement, au ministère du Travail dont il assure la direction générale de la main-d'œuvre en 1939. Révoqué par Vichy, il retourne en octobre 1940 au Conseil d'État puis entre dans la Résistance, dans le mouvement Libération. Au sein du Comité des experts mis en place par Jean Moulin en juin 1942, il participe au travail de préparation des réformes qui devraient suivre la Libération, puis doit entrer dans la clandestinité en 1943. Il apprend alors la mort de son frère René, lui aussi résistant, retrouvé pendu dans sa cellule de Fresnes.

Nommé en mars 1944 délégué général du Comité français de la libération nationale, il est à la tête de l'administration clandestine et prépare les nominations qui doivent suivre la Libération. Secrétaire général à l'Intérieur dans le premier cabinet du GPRF, il a pour adjoint aux questions militaires le jeune général Jacques Chaban-Delmas, délégué militaire national. Nommé ministre d'État pour les Territoires occupés le 14 août, il tente à son arrivée à Paris de différer le soulèvement. Le 19 août, pour éviter de diviser la Résistance, il place ses forces sous les ordres de Rol-Tanguy et accepte la proclamation de l'insurrection. Arrêté avec deux de ses adjoints le 20, il revendique sa qualité de ministre et exige de rencontrer von Choltitz, qui les fait relâcher. Le 22, il préside à l'hôtel Matignon la réunion des secrétaires généraux provisoires et prend les premières mesures d'organisation de la nouvelle administration. Lorsqu'il est question de descendre les Champs-Élysées, le samedi 26, il met en garde le général de Gaulle contre de possibles débordements puis est à ses côtés lors de la marche. Le 27 août, il est nommé Compagnon de la Libération. Le 10 septembre, il est ministre du Travail et de la Sécurité sociale lors de la formation définitive du GPRF.

André Perrin, le policier insurgé (né dans le Doubs en 1915, mort en 1944)

D'une famille d'ouvriers, il poursuit sa scolarité jusqu'à l'obtention du certificat d'études primaires. Âgé de 13 ans, il entre alors à l'usine Peugeot près de Montbéliard et, à la suite de son apprentissage, obtient le certificat d'aptitude professionnelle (CAP) d'ajusteur. Après avoir suivi des cours de dessin industriel, il entre au laboratoire d'essai des aciers. À 20 ans, il part faire son service militaire dans l'artillerie et le termine avec le grade de maréchal des logis. Lorsqu'il en revient, il postule pour un emploi de gardien de la paix et intègre la préfecture de police en 1938. Après une année de formation, il est affecté au commissariat du 3e arrondissement puis à celui du 20e.

Lorsque la guerre est déclarée, il bénéficie d'une affectation spéciale dans son emploi qui lui évite d'aller se battre en 1939-1940. Fin 1942 ou début 1943, il s'engage dans la Résistance et milite au sein du mouvement Honneur de la police, proche des gaullistes. Dans son commissariat lorsque se déclare l'insurrection, il fait partie le 19 août d'un groupe d'agents envoyé dans l'après-midi dégager le bâtiment de la préfecture de police attaqué par les Allemands. Lors d'un échange de coups de feu à proximité de la cathédrale Notre-Dame, il est grièvement blessé. Transporté à l'Hôtel-Dieu, il y meurt le soir même.

Edgar Pisani, le jeune résistant (né à Tunis en 1918)

Élève en khâgne à Paris au début de la guerre, il part lors de la défaite pour l'Afrique sur le paquebot *Massilia* avec des hommes politiques résolus à continuer dans l'Empire la guerre contre l'Allemagne. Il s'engage alors très vite dans la Résistance, notamment dans le Noyautage des Administrations publiques (NAP). Au premier matin de l'insurrection, il participe à la prise de la préfecture de police, signifie au préfet de police destitué qu'il n'a plus à intervenir et lui interdit toute communication. Résistant de la base, il reçoit ainsi (sous le pseudonyme d'« Édouard ») des appels au central téléphonique de la préfecture de police puis prend part à la prise de l'Hôtel de Ville. Nommé chef de cabinet du préfet de police Charles Luizet, il reste dans les locaux de la préfecture et ne peut se rendre au défilé le 26 août car « il [paraît] nécessaire qu['il] garde la maison », mais quand de Gaulle vient à la préfecture, c'est lui qui est chargé de sa protection.

Madeleine Riffaud, la jeune résistante (née dans la Somme en août 1924)

Fille d'instituteurs, elle grandit dans les paysages picards marqués par la guerre. Partie avec son grand-père sur les chemins de l'exode au printemps 1940, elle est témoin du mitraillage de sa colonne par des avions allemands. Madeleine Riffaud se rend ensuite à Paris pour suivre des études de sage-femme. Voulant s'engager contre l'occupant, elle le fait avec les communistes car, explique-t-elle, ce sont les premiers qu'elle rencontre. Fin 1942, elle participe à une « action », l'inscription à la craie de slogans antinazis sur les murs du quartier Latin, puis à des prises de parole devant des publics d'étudiants. Elle prend le pseudonyme de « Sonia », puis celui de « Rainer » (prénom du poète allemand Rilke) pour affirmer que son antinazisme n'a rien de germanophobe. En juillet, elle apprend qu'un massacre a été commis dans le petit bourg d'Oradour-sur-Glane où, enfant, elle passait ses vacances. Le 23 juillet, après la mort d'un de ses camarades tué par un Allemand, elle tire sur un soldat et le tue. Arrêtée, torturée par les policiers allemands de la Sipo-SD, incarcérée à Fresnes, elle échappe à la déportation grâce aux accords Nordling. Libérée le 17 ou le 18 août, elle contacte alors ses camarades et reprend le combat, participe le jour de ses vingt ans à la prise d'un train allemand à Ménilmontant puis, le 25 août, à l'assaut contre la caserne de la place de la République. En 1945, elle publie un recueil de poèmes, *Le Poing fermé*, préfacé par Paul Éluard et illustré par le portrait que Pablo Picasso fait d'elle pour son vingt-et-unième anniversaire.

Henri Rol-Tanguy, le chef des FFI (né à Morlaix, dans le Finistère, en 1908, mort en 2002)

Né d'un père marin et d'une mère blanchisseuse, il quitte l'école à 13 ans pour travailler dans divers secteurs avant d'être embauché chez Renault, à Billancourt, comme tôlier en carrosserie. Militant communiste, syndiqué, sa participation à une grève lui vaut d'en être licencié en 1926. Henri Tanguy effectue ensuite, en 1929-1930, un service militaire au cours duquel il acquiert une solide formation militaire. De retour à la vie civile, il exerce divers métiers de la métallurgie à l'usine Bréguet, dans le 14e arrondissement de Paris. Il en est licencié à la suite d'un autre mouvement social et acquiert des responsabilités aux Jeunesses communistes. Il travaille ensuite dans des usines plus petites, et c'est dans l'une d'elles qu'il participe à la grande grève de juin 1936, ce qui lui vaut un nouveau licenciement. En 1937, il s'engage dans les Brigades internationales pour se battre aux côtés des républicains pendant la guerre d'Espagne. Mobilisé dès août 1939, il participe aux combats du printemps 1940. Il est cité à l'ordre de son régiment, ce dont il se réclamera en août 1944 devant le général de Gaulle qui, hostile à l'attitude pour le moins ambigüe des communistes au début de la guerre, lui demandera quelle fut alors son action.

De retour à la vie civile, il reprend une activité militante et entre dans la clandestinité en octobre 1940 pour échapper à une arrestation. Il participe à partir d'août 1941 à la création des groupes armés qui deviendront les FTP. Il assure alors des missions en Anjou, en Bretagne, en Aquitaine puis est envoyé dans la région parisienne en mars 1943 pour y organiser les FTP. Il en devient le chef régional au printemps 1944 et adopte alors son dernier pseudonyme, « Rol ». C'est sous ses ordres qu'agissent les résistants communistes, comme l'ouvrier ajusteur Pierre Georges (alias « Fredo », alias « Henri »), qui est l'auteur en août 1941 de l'attentat du métro Barbès et, à l'âge de 25 ans, devient lors de la Libération un des chefs FFI sous le pseudonyme de « Fabien ». Nommé début juin chef régional des FFI, c'est Rol qui signe l'ordre de mobilisation générale « aux patriotes aptes à porter les armes » placardé à Paris le 18 août. Présent lors de la capitulation de von Choltitz dont il est des signataires, il devient le 18 juin 1945 un des rares communistes (12 sur plus de 1000) faits Compagnons de la Libération.

Dietrich von Choltitz, le général allemand (né en Silésie en 1894, mort en 1966)

D'une famille d'officiers et de grands propriétaires terriens, il fait ses études dans une école militaire de Dresde et combat dans l'infanterie en 1914-1918. Dès le début de 1939, il participe aux campagnes de Pologne puis, en 1940, contre la Belgique et les Pays-Bas. À partir de 1941, il combat en Russie. Son rôle lors de la prise de Rotterdam en 1940, puis de Sébastopol en 1942, alors qu'il est colonel, lui forge une réputation de militaire sans scrupule que le sort des civils n'émeut guère. Nommé général, il demeure sur le front de l'Est jusqu'en 1944, à un moment où la politique nazie d'extermination des juifs est intense. Il est ensuite affecté pour une brève période en Italie. Après le débarquement en Normandie, il y commande un corps d'armée. Reçu par Hitler après l'attentat du 20 juillet qui aurait pu coûter la vie au chef de l'Allemagne nazie, il est nommé par celui-ci le 7 août commandant du *Gross Paris* et arrive dans la ville deux jours plus tard.

« Homme fort corpulent, puissant et large d'épaules, extrêmement raide, imposant et [...] d'allure terriblement prussienne » d'après Nordling, son commandement à Paris est l'aboutissement d'une série de défaites qui lui ont enlevé toute illusion. Ayant reçu la consigne, mais pas les moyens en hommes comme en matériel, de tenir la ville, il use de la menace d'une destruction lors des négociations. Par l'intermédiaire de Raoul Nordling, il est plusieurs fois en contact avec la Résistance, notamment pour la négociation de la trêve. Après la prise par les soldats de la 2e DB de l'hôtel Meurice, il se rend au lieutenant Henri Karcher.

Il est alors conduit à la préfecture de police puis à la gare Montparnasse où il signe les ordres de reddition. Il rédige également, à un moment où l'on découvre dans Paris les charniers de massacres commis par ses soldats, une réclamation pour se plaindre de la disparition de certains effets personnels. Il part ensuite en captivité en Angleterre.

CHAPITRE

4 * LES DÉBATS

De Gaulle et Camus

Interpréter l'événement, c'est aussi lui donner un sens afin de préparer la politique du pays. C'est ce que font deux personnages de la libération de Paris, qui sont aujourd'hui parmi les plus célèbres des Français du XXe siècle, Charles de Gaulle et Albert Camus. Moins d'un an après l'été de la Libération, le général proclame : « Paris ! Nous vous reconnaissons comme notre Compagnon pour la Libération de la France, dans l'Honneur et par la Victoire ! » Nous sommes le 2 avril 1945, sur la place de l'Hôtel de Ville, un peu plus de sept mois après les combats de la Libération. Dans une cérémonie qui, à un mois de la victoire, comporte un défilé militaire, la ville de Paris est accueillie dans l'Ordre de la Libération, une des rares communes avec Nantes, Grenoble, Vassieux-en-Vercors et l'Île de Sein, à en faire partie. De Gaulle remet la médaille au président du conseil municipal (Paris, toujours dangereuse pour le pouvoir central, n'a plus de maire depuis la Révolution) et prononce un discours : « Parmi les points de la terre que le Destin a choisis pour y rendre ses arrêts, Paris fut en tout temps particulièrement symbolique. [...] Il l'était quand la ville de sainte Geneviève, en faisant reculer Attila, annonçait la victoire des Champs Catalaunique et le salut de l'Occident. » Puis il évoque Jeanne d'Arc « montant à l'assaut de la porte Saint-Honoré », Henri IV « mettant fin sous ses murs à la guerre de Religion », la proclamation des Droits de l'Homme par « l'assemblée des trois ordres », la reddition en janvier 1871 après le siège par les armées allemandes, la bataille de la Marne en septembre 1914 puis, « hélas ! lorsqu'en 1940, Paris, non défendu, tombait aux mains de l'ennemi ».

Le lendemain, Camus s'indigne dans un éditorial de *Combat* : « C'est ici que nous voudrions dire notre émotion, si difficile que cela soit et si inopportun que cela puisse paraître. [...] Nous attendions aussi que le général de Gaulle soulignât 1830, 1848 et la Commune. Nous n'attendions même pas, nous en étions sûrs. Pas un mot n'est venu confirmer nos certitudes. Ce sont bien des journées de Paris que celles-là et que serait Paris, en vérité, sans ces barricades de la liberté et ces morts anonymes ? [...] Qu'on nous comprenne bien. Nous n'avons pas la nostalgie des révolutions, encore que nous sachions que nous avons vécu le plus pur dans les journées d'août 44 et qu'il est désormais un désintéressement que nous ne connaîtrons plus. [...] Nous demandons seulement que l'on reconnaisse que le sang de la liberté ne se divise pas plus que la grandeur, parce qu'il est la grandeur même. » En reprenant le titre de l'éditorial du 24 août, « Le sang de la liberté », écrit à un moment où personne ne pouvait savoir comment allait tourner l'insurrection, Camus se situe au cœur de l'événement pour l'analyser, alors que les faits que cite de Gaulle sont avant tout militaires et politiques. Ceux sur lesquels insiste le journaliste, la révolution de 1830, qui renversa la royauté de la Restauration, celle de 1848, qui mit fin à la monarchie de Juillet mais eut une dimension sociale prépondérante, et la Commune du printemps 1871 enfin, tout autant patriote que sociale, sont des soulèvements qui remirent en cause l'ordre établi.

Qui a raison, de De Gaulle qui termine ses *Mémoires de guerre* par un hommage à la « vieille France, accablée d'Histoire, meurtrie de guerres et de révolutions, allant et venant sans relâche de la grandeur au déclin, mais redressée, de siècle en siècle, par le génie du renouveau ! » ou de Camus qui dans Paris hérissé de barricades commence l'éditorial de *Combat* du 23 août déjà évoqué par « Qu'est-ce qu'une insurrection ? C'est le peuple en arme. » ? Est-ce le peuple de Paris qui s'est soulevé ou la France éternelle qui s'est rétablie ? La controverse autour de l'interprétation de l'insurrection est un peu vaine si l'on pense qu'il faut choisir entre deux approches, se demander si le soulèvement fut révolutionnaire ou patriotique. À l'évidence, les deux aspects coexistent et fondent ensemble la nature de l'événement. Plus largement, le phénomène de la Résistance, de l'opposition à l'occupant et au régime de la collaboration partage cette double essence. Il s'agissait bien de délivrer la nation, mais la volonté était forte de remédier aux défauts de la société française de la première moitié du XXe siècle. En cela, l'application du programme du CNR dans les années qui ont suivi la Libération correspond à un ensemble de réformes durables qui ont profité à la plus grande partie de la population et façonné une société plus juste, plus apaisée. C'est précisément sur la fécondité de la « vertu révolutionnaire » qu'insiste Camus, qui précise dans l'éditorial du 3 avril : « La vraie puissance de ce peuple, c'est son pouvoir d'indignation, c'est sa force de rénovation. »

Gaullistes et communistes

Mais, bien plus qu'une question d'interprétation, c'est la concurrence entre communistes et gaullistes qui marque les journées de la Libération ainsi que leur mémoire. Nous savons aujourd'hui que les communistes avaient fait le choix de ne pas tenter de prendre le pouvoir ; les contemporains l'ignoraient. Cette querelle recoupe l'opposition pour la préséance entre les résistants d'Alger et de Londres et ceux de l'intérieur, entre les soldats en uniforme et les insurgés des FFI, quand bien même nombre de ces derniers et de leurs chefs étaient plutôt gaullistes, notamment à Paris parmi les policiers insurgés. Le Comac était ainsi en concurrence avec l'état-major des FFI dirigé de l'extérieur par le général Koenig. Les rapports de force instaurés permettent de comprendre certains enjeux, comme celui de la soirée du 25 août, après l'accueil du général à Montparnasse : le matin, dans un texte sans la moindre allusion au GPRF ni à de Gaulle, le CNR se présentait comme le seul représentant de la nation. Quant au fait que les Américains apprécient la présence de Koenig à la tête de maquisards et d'insurgés qui leur inspirent beaucoup de crainte, il souligne la complexité des positions, puisque les Américains n'ont cessé de se méfier de De Gaulle. Ce dernier n'hésite pas quant à lui à les utiliser pour asseoir son autorité. Eisenhower a raconté dans ses *Mémoires* que, rencontrant le chef de la France libre au lendemain de la journée du 26 août, il a accepté de lui « prêter » deux divisions pour « faire un étalage de force », ce que de Gaulle démentit dès le livre paru. Cet exemple permet de comprendre que, s'il est aisé d'appréhender les enjeux, il est parfois plus difficile de savoir vraiment ce qui s'est passé.

La couverture du troisième tome (« Le Salut 1944-1946 ») de la première édition de poche des *Mémoires de guerre* du général de Gaulle en 1963 est un montage photographique qui présente l'auteur en uniforme devant l'Arc de Triomphe lors de la journée du 26 août. Le cadrage est tel que, derrière le personnage principal, imposant (et légèrement avancé par rapport au cliché originel...), l'on peut distinguer cinq personnes, dont quatre militaires parmi lesquels trois autres officiers généraux : Juin, Leclerc, Koenig. Ce sont donc cinq soldats, dont la couleur de l'uniforme renforce l'hégémonie, qui sont là à l'honneur à un moment où le combat n'est pas tout à fait terminé. Cette place donnée à l'armée, dont l'on sait qu'elle est loin d'être acquise au gaullisme au lendemain de la guerre d'Algérie, en cette année 1963 où paraît ce livre (la situation était différente en 1959, lors de la sortie de la première édition), est significative d'une vision gaulliste des événements. L'interprétation des échanges de coups de feu lors de la grande manifestation du 26 août, notamment à proximité de Notre-Dame, est généralement induite par une volonté politique, d'autant plus aisément que l'épisode paraît en grande partie énigmatique. Le fait de n'y voir qu'un énorme quiproquo, en niant des tirs hostiles, permet de minimiser les dangers donc l'héroïsme des combattants tout en les rendant un peu ridicules. Les positions successives de De Gaulle sont quant à elles plus subtiles et révélatrices de l'évolution des enjeux.

Il est sur le moment bien conscient qu'il existe un risque, ne serait-ce que parce que c'est précisément pour des raisons de sécurité que le défilé, prévu pour le matin, a été reporté. Lucide à propos de la réalité des échanges, tirant profit pour sa renommée du spectacle de son impassibilité sur le parvis de Notre-Dame puis dans la cathédrale alors que la plupart des personnes présentes tentent de se mettre à l'abri, il en nie l'importance lors des jours qui suivent : « Une de ces contagieuses tirailleries que l'émotion déclenche parfois. » C'est que cette apothéose était essentielle pour construire sa légitimité encore incertaine et qu'il s'agissait d'écarter tout ce qui pouvait déconsidérer l'événement que constituait la journée. Dix ans plus tard, lorsqu'il écrit ses *Mémoires*, la question n'est plus la même et l'enjeu politique se situe dans son opposition au parti communiste. Il suggère alors un complot : « Pour ma part, j'ai le sentiment qu'il s'est agi d'une affaire montée par une politique qui voudrait, grâce à l'émoi des foules, justifier le maintien d'un pouvoir révolutionnaire et d'une force d'exception. »

Stratégie et tactique

Les combats de la capitale sont fortement influencés par les événements qui se déroulent sur le continent. Pour les stratèges nazis, et pour Hitler, ce qui s'est passé le 5 juin est un contre-exemple : Rome a été déclarée ville ouverte par le commandant des troupes allemandes et les Alliés ont pu en profiter pour parfaire leur avance. Mais il est un autre exemple, menaçant. Le 18 août, Chaban-Delmas envoie à la BBC un télégramme dans lequel il demande des mesures pour « éviter un nouveau Varsovie » au cas où les Alliés n'investiraient pas Paris. C'est que, le 1er août, la Résistance polonaise s'était lancée dans une insurrection à un moment où les troupes soviétiques étaient à portée de la capitale. Elle était même parvenue à libérer quelques quartiers lors de la première semaine. Mais Staline, hostile à l'idée d'une Pologne indépendante, laissa les nazis écraser l'insurrection et détruire la ville. Les combats du Vercors, où le 21 juillet la *Wehrmacht* attaque la « zone libérée », témoignent de la possibilité en France d'une défaite des insurgés : le 12 août, les Allemands quittent le plateau après avoir tué des centaines de maquisards et de civils et en laissant derrière eux des villages dévastés. C'est d'ailleurs d'une stratégie des réduits, très dangereuse et à laquelle sont opposés les communistes, que relève le maintien dans le centre de Paris de ces citadelles de l'insurrection que sont devenus la préfecture de police et l'Hôtel de Ville. Enfin, le bombardement de Caen atteste du danger que représente pour la population le fait de se trouver sur le champ de bataille. Les Alliés avaient prévu de libérer la ville le jour du Débarquement, et n'y parviennent que le 20 juillet après plusieurs jours de bombardements et la mort de milliers de Caennais.

À la mi-août, les Américains ont fait le choix de ne pas délivrer Paris pour éviter un combat en milieu urbain dont l'expérience récente de la libération de Caen a montré à quel point il est incertain. Leurs plans ont donc prévu de contourner Paris par le sud (vers Melun) et par le nord (vers Mantes). Pour Eisenhower, la progression du 12e groupe d'armées dans les campagnes du Bassin parisien ne doit pas s'éterniser et il faut permettre une arrivée rapide sur le Rhin, vers lequel convergent les troupes du Reich qui espèrent en faire une barrière. Politiquement, l'hostilité constante du président Roosevelt envers de Gaulle ne fait qu'aggraver la situation. Paris doit aussi être ravitaillé, l'intendance consommant énormément de carburant, qui est un produit stratégique essentiel, surtout dans le cadre de la progression de troupes mécanisées et blindées. Dans leurs *Mémoires*, Bradley comme Eisenhower estiment que la libération de Paris a retardé l'avance des troupes alliées, mais il est possible d'en douter. Certes, pendant deux jours, deux divisions, la 2e DB et la 4e DIUS, se sont consacrées à réduire la résistance des Allemands dans l'agglomération parisienne, mais cela a permis d'éviter de laisser à l'arrière un réduit menaçant tandis que les troupes neutralisées à cette occasion ont fait défaut au commandement allemand. Les choix stratégiques et tactiques des Allemands sont plus flous, s'adaptant tant bien que mal à une situation qui évolue en leur défaveur. Un des objectifs de von Choltitz est de permettre le repli des unités qui ont échappé aux Alliés lors de la bataille de la poche de Falaise. Dans la course à l'Est engagée entre les Allemands et les Américains, la capitale de la France n'a d'intérêt que si elle est située dans un axe aisé à parcourir. Deux *Panzerdivisionen*, qui auraient pu être envoyées sur Paris pour affronter la 2e DB, sont en réalité conduites plus au sud pour tenter de repousser les Américains qui viennent de passer la Seine et se dirigent vers l'est pour prendre en tenaille les forces hitlériennes. Le général Gerow, lors du défilé du 29 août, reproche une fois de plus son insubordination à Leclerc, présent à ses côtés. Évoquer leurs rapports en de tels termes n'est cependant pas pertinent, car c'est plutôt un dilemme que vit le chef de la 2e DB, tiraillé entre la hiérarchie alliée et l'intérêt national. À l'évidence, c'est l'insistance des autorités de la France libre mais aussi l'insurrection des Parisiens qui conduit l'état-major allié à revoir ses plans. Même parmi les résistants, les attentes sont différentes. Ainsi, dans la délégation qui part rencontrer les Américains le lundi 21, Robert Monod veut persuader les Américains de se diriger sur Paris alors que Gallois, envoyé par Rol-Tanguy, est aussi là pour demander des armes. Rencontrant le 21 un des officiers de l'état-major de Bradley,

Gallois préfère argumenter pour l'intervention, et son plaidoyer contribue peut-être à forcer la décision.

Le nom même du débarquement en Normandie, opération *Overlord*, ce qui signifie « suzerain », sonne au moins comme une menace pour l'indépendance de la France. Tout autant que les aspects militaires, la dimension politique doit être prise en compte pour comprendre les décisions. Ainsi, de Gaulle craint que les Alliés ne placent la France sous leur administration, comme ils l'ont fait en Italie. C'est que les Britanniques et les Américains ont prévu d'installer en une France considérée comme « territoire occupé » leur propre gouvernement, l'AMGOT (*Allied Military Government of Occupied Territories*), et en ont même imprimé la monnaie. Pour éviter cela, de Gaulle prévoit dès la fin de l'année 1943 de confier la libération de Paris à Leclerc et à sa 2e DB afin que le pouvoir qui s'installe dans la capitale soit français. Mais l'intérêt des Américains pour l'enjeu politique ne les dispense pas d'un certain pragmatisme. L'accueil enthousiaste que recueille de Gaulle le 14 juin 1944 dans la ville normande de Bayeux, alors qu'il vient d'arriver sur le sol français, est perçu par les Alliés comme un signe de sa légitimité. En faisant de ses représentants les autorités civiles de la capitale, l'insurrection à peine commencée, le GPRF consolide considérablement sa position politique. Les conditions de la libération de Paris, la coopération de la 2e DB et des FFI se révèlent le signe d'une indéniable unité qui surprend un peu mais convainc les Américains. Enfin, l'après-midi du 26, pendant que les Alliés ont le tact d'être d'une extrême discrétion, s'affirme de manière ostensible un pouvoir national nouveau qui ne s'inscrit pas moins dans la continuité : c'est le sens du refus du chef de la France combattante à Bidault qui lui suggère de proclamer la République à l'Hôtel de Ville le 25 au soir. Dès lors, la participation du général Eisenhower à une cérémonie à l'Arc de Triomphe à la fin du mois d'août vaut reconnaissance de l'autorité de De Gaulle. Le choix que fait le commandant suprême des forces alliées en Europe d'installer son quartier-général à Versailles, donc de ne pas résider à Paris tout en en étant proche, relève de cette démarche. Alors que le président Roosevelt était hostile au chef de la France libre qu'il considérait comme un apprenti dictateur, les Américains se résolvent à entériner sa situation politique.

Lieux d'histoire

Dans la libération de Paris, l'opposition mais aussi la complémentarité entre les aspects tactique et politique expliquent des choix loin d'être secondaires. C'est le cas des lieux où se tiennent les premières célébrations. C'est pour des raisons pratiques que la reddition se déroule à la préfecture de police puis à la gare Montparnasse. Mais deux lieux hautement symboliques sont mis en avant dans la continuité de l'image qu'en avait construite l'histoire, deux lieux qui, avec la Bastille, ébauchent dans l'espace parisien l'identité politique de la capitale : l'Hôtel de Ville et l'Arc de Triomphe avec son prolongement, les Champs-Élysées. Le premier est la maison de la municipalité, mais aussi celle de toutes les révolutions, là où fut proclamée la Commune en mars 1871. Détruit lors des combats de la Semaine sanglante lorsque le mouvement communaliste fut écrasé par l'armée de Versailles, reconstruit par la municipalité républicaine de Paris, arborant de nombreux symboles de l'histoire de la ville et de la République, l'Hôtel de Ville, pris par les insurgés au matin du 20 août 1944, attaqué et défendu lors de l'insurrection, accueille de Gaulle au soir du 25 août pour entendre celui qui est resté le plus célèbre de ses discours. Mais le général se fait attendre, tient à se rendre auparavant au ministère de la Guerre et reste dans le bureau qu'il a occupé quelques jours en 1940, après avoir été le 5 juin nommé secrétaire d'État chargé de la Défense nationale et de la Guerre, puis à aller saluer dans la cour de la préfecture de police les agents qui lui font un accueil triomphal.

Le samedi 26, les bâtiments emblématiques du triomphe (au sens du *triumphus*, la cérémonie au cours de laquelle un général vainqueur défilait dans Rome à la tête de ses légionnaires) sont Notre-Dame et l'Arc de Triomphe. Tout en tenant compte d'une dimension spirituelle encore très prégnante dans la France du milieu du XXe siècle, le choix de Notre-Dame renvoie à une tradition qui date de l'Ancien Régime. Le projet d'un *Te Deum*, auquel s'est substitué un *Magnificat* car l'absence d'électricité (ou la présence d'intrus) n'a pas permis d'actionner les orgues, en est révélateur : c'est par de telles cérémonies d'action de grâce qu'étaient célébrées aux XVIIe et XVIIIe siècles les victoires royales. L'Arc de Triomphe a un autre sens. Construit pour un conquérant, il est le symbole du pouvoir militaire de la France. Après le « défilé de la victoire » le 14 juillet 1919, l'inhumation le 11 novembre 1920 d'un soldat inconnu tombé à Verdun confère à la place de l'Étoile un caractère singulier, presque sacré. Le défilé quotidien des occupants, tout au long des quatre années précédentes, en fait également le lieu d'une humiliation qui doit être effacée. Il n'en présente pas moins une potentialité subversive, et c'est bien en sa proximité que se tint dès 1940 la première manifestation publique d'hostilité à l'occupation. Le défilé militaire des soldats américains, à la fin du mois, se déroule sur les Champs-Élysées en partant de l'Arc de Triomphe, tout comme celui de la victoire, le 18 juin 1945. Mais si l'apothéose du 26 août 1944 contribue à forger une mémoire très forte du lieu, elle n'en était pas moins prévisible. Dès 1942, Pierre Brossolette, un des pionniers de la Résistance qu'il a su unifier sous l'autorité du général, prévoyait déjà les acclamations « tout au long des

Champs-Élysées ». Et le 27 juin 1943, après une discussion orageuse, André Philip, commissaire à l'Intérieur du CFLN, socialiste également et lui aussi un des grands noms de la France libre, évoquait dans une lettre au général de Gaulle « le jour où, défilant à la tête de vos troupes sur les Champs-Élysées parmi les acclamations de la foule en délire, on verrait si vous [êtes] capable de surmonter ce qui est plus difficile que les peines et les défaites, l'orgueil même de la victoire ».

Mais il est un autre « lieu », éclaté, diffus, de la mémoire de la ville. Nulle part ailleurs qu'à Paris sont, cet été-là, édifiées des barricades. Elles permettent de prendre conscience que les quartiers de la ville, les quartiers populaires surtout, sont le théâtre de la Libération, autant que les Champs-Élysées, la rue de Rivoli ou l'Hôtel de Ville. Leur utilité a souvent été niée, ne serait-ce que parce que les chars (surtout les puissants *Panther* et *Tiger* qui se sont repliés de Normandie) peuvent sans difficulté en venir à bout. Mais ce qui est valable pour un blindé ne l'est pas pour un camion, pour une automobile, encore moins pour un side-car et plusieurs documents allemands évoquent les difficultés que leur causent ces barrages. Surtout, la dimension politique en est indéniable et renforce l'aspect tactique en affirmant que l'armée d'occupation ne tient pas un quartier dont la population peut édifier des barricades. À l'exception des actions tentées par les policiers et de l'assaut de la caserne Prince-Eugène de la place de la République, la participation des FFI est avant tout locale, d'où les prises des mairies, lieux emblématiques d'un pouvoir dans l'arrondissement, ainsi que les embuscades dans lesquelles tombent les véhicules allemands. Du fait de l'action des Parisiens, le lieu de la libération de Paris, c'est Paris.

La question de la violence

Les sujets politiques, au sens restreint du terme, et stratégiques n'épuisent pas les discussions. Concernant la libération de l'ensemble du territoire, la question des violences illégitimes, hors des combats, ainsi que celle des exécutions extrajudiciaires a été très vite soulevée, notamment à l'extrême droite et parmi les anciens partisans du régime de Vichy. Aucune interrogation n'est inopportune et celle-ci nous permet de mieux comprendre ces moments où l'histoire s'accélère dans un contexte d'affrontement. La réalité de telles exactions est indéniable. Aux mois de septembre et d'octobre, des dizaines de cadavres sont découverts dans l'agglomération parisienne ou repêchés dans la Seine, victimes d'actes de vengeance considérés comme de justice, parfois d'erreurs parajudiciaires voire de délation mensongère. Des centres de détention non contrôlés par les autorités ont été organisés quelques jours, à l'Institut dentaire du 13e arrondissement par exemple. Les scènes d'humiliation, notamment les expositions de femmes accusées de sympathie pour l'occupant ou de délation, tondues le plus souvent en public, sont présentées aujourd'hui comme un épisode honteux de la Libération. Il est malaisé d'en faire l'inventaire, mais des tontes eurent lieu à Paris comme dans la plupart des villes du pays et dans une bonne partie de l'Europe. Il convient de remarquer que le tiers des arrondissements, dans l'est de la ville surtout, comme certaines communes de banlieue en furent épargnés. Tout contexte de violence exacerbée est favorable à de tels comportements, *a fortiori* si prévaut l'impression de rendre justice quand bien même ils relèvent souvent de l'anomie. L'historien Henri Michel explique : « L'épuration à la Libération est l'action de la Résistance la plus passionnément discutée. En fait, la Résistance n'avait fait que répondre à ses adversaires. C'est le gouvernement de Vichy qui, le premier, avait entrepris de condamner sans jugement ses ennemis vrais ou supposés, non dans le feu de l'action [...] mais en toute tranquillité, pour des raisons idéologiques. » Lors des dernières semaines de l'Occupation, les Allemands comprennent assez bien la situation et font tout pour terroriser la population ; ils manifestent une brutalité dont témoignent les conditions de la mort des 35 jeunes gens le 16 août à la cascade du bois de Boulogne. C'est avec la certitude de s'en prendre à de tels bourreaux que certaines exactions ont pu être commises.

Des photographies montrent des scènes de liesse à quelques pas du cadavre d'un occupant qui ne suscite pas le moindre intérêt. À plusieurs reprises, après les combats, par exemple vers la rue de Rivoli le vendredi 25 en début d'après-midi, les FFI, notamment les policiers, et les fantassins de la 2e DB doivent empêcher les témoins de faire un mauvais sort à des prisonniers. Quatre années d'oppression, des occupants et leurs collaborateurs qui ont recours aux méthodes les plus barbares, une persécution raciste qui, à l'été 1942, ancre la population française dans son opposition au régime, des conditions de vie difficilement supportables pour la majorité des Français lorsqu'une minorité profite de la situation, tout a concouru à ce que des comptes se règlent dans les jours de l'insurrection, mais également alors que le calme est revenu. Ces pratiques de justice privée, qui comportent leur lot d'erreurs faisant que les collaborateurs n'en sont pas les seules victimes, cessent assez rapidement à Paris. Cela s'explique notamment par l'enjeu du rétablissement d'un ordre légitime dans la capitale et sans doute par le rôle dans l'insurrection des policiers que leur culture professionnelle rend sensibles au risque d'erreur et réticents à une justice expéditive.

La question de l'héroïsme elle aussi prend une dimension polémique. Des commentateurs hostiles à la Résistance, parfois rejoints par ceux qu'agacent des récits par trop emphatiques, se plaisent à dénoncer un héroïsme de façade. Tout cela est un peu vain, tant il est évident que ceux qui faisaient le coup de feu, même avec des pétoires hors d'âge, risquaient leur peau. Le seul fait pour des policiers, même en civil et sans participer aux combats, d'avoir sur eux leur carte professionnelle pouvait leur valoir d'être exécutés sur-le-champ. La querelle peut même se situer dans le décompte des morts, d'autant plus malaisé qu'il varie selon la période (du 19 ou du 24 au 25 août, ou au 30) et l'espace étudié (la ville, Paris et les communes limitrophes ou le département de la Seine), les derniers combats, ceux notamment du Bourget étant également meurtriers.

CHAPITRE

5 LA MÉMOIRE ET LA RECHERCHE

La littérature enfantine

La libération de Paris devient très vite, en France, un événement populaire. Après la défaite de 1940 et alors que les guerres de la décolonisation, en Indochine puis en Algérie, ne permettent que malaisément de déployer des récits glorieux, ce court épisode est significatif d'un héroïsme difficile à nier et se situe dans un décor familier à tous les Français. Très rapidement, des productions sont destinées aux enfants. Dès 1944, l'Office central d'imagerie diffuse des planches de personnages à découper et à placer dans un décor qui reconstitue des scènes de la libération de la ville. Il y a ainsi les combats des barricades, la descente des Champs-Élysées, avec un (grand) général de Gaulle sur fond d'Arc de Triomphe ou le défilé des Américains à Paris à la fin du mois d'août. La littérature et la presse à destination de la jeunesse ne sont pas en reste. En 1949, lors de sa deuxième année de parution, l'édition française du journal *Tintin* publie une série « Leclerc, soldat de légende », dont la libération de Paris constitue le point d'orgue. Il y consacre même la couverture de son numéro du 8 septembre, un dessin pleine page d'une scène de fraternisation devant Notre-Dame entre l'équipage d'un char de la 2e DB et des combattants d'une barricade. En août 1969, c'est le journal *Pilote* qui publie un dossier sur Paris sous l'Occupation avec un immense dessin en pages centrales (le « pilotorama ») : « la libération de Paris par Leclerc ». À l'instar du *Leclerc* de Jean d'Esme, publié en 1947 par une petite maison et réédité deux ans plus tard dans la « Bibliothèque verte » des éditions Hachette, ou du *Leclerc et ses hommes* du colonel André Brouillard (qui écrit sous le pseudonyme de Pierre Nord), paru trois ans plus tard dans la « Bibliothèque rouge et or », c'est souvent autour d'un héros que la littérature de jeunesse organise ses récits. C'est notamment le cas de Leclerc pour celle qui est influencée par le gaullisme. Mais la mémoire communiste n'est pas en reste, qui propose très vite des dessins, des récits, des bandes dessinées consacrés au « colonel Rol-Tanguy » et au « colonel Fabien ».

L'espace urbain

Cette mémoire est particulièrement présente dans la ville. Le visiteur qui, au XXIe siècle entre dans Paris par la porte d'Orléans, comme Leclerc le 25 août au matin, y trouve sa statue, érigée par Raymond Martin en 1969. Et, sur le rond-point des Champs-Élysées, c'est celle de De Gaulle par Jean Cardot qui s'y trouve depuis l'an 2000. La Libération s'inscrit dans l'espace urbain de manière diffuse par une multiplication de plaques, plus de 400 dans la ville sur les 1 200 qui honorent les résistants et les victimes des nazis et du régime de Vichy. Si celles qui signalent l'endroit où est tombé un combattant sont communes, d'autres sont plus atypiques comme rue des Vignoles, dans le 20e arrondissement, le texte d'un syndicat anarchiste, la CNT, qui rappelle la présence de ses militants espagnols parmi les soldats qui ont libéré Paris. Certaines ont une dimension corporative, comme ces listes de marbre dans des usines, des hôpitaux, des facultés, des sites de la SNCF ou de la RATP. À la dimension surtout interne, elles peuvent se trouver, comme celles qui sont sur les murs de commissariats, à l'interface de l'espace public. Fleuries régulièrement par les municipalités, à Paris et en banlieue, elles sont l'objet au moins d'une attention ponctuelle. Régulièrement aussi, des cérémonies sont organisées dans la deuxième quinzaine du mois d'août. Certaines sont publiques, place de l'Hôtel de Ville notamment, mais d'autres ont un caractère moins ouvert. C'est le cas chaque année de la commémoration qui se tient dans la « cour du 19 août » de la préfecture de police. Rares y sont les participants qui n'appartiennent pas à l'administration de la police, et le ministre de l'Intérieur, dont c'est chaque année la rentrée politique, y passe en revue ses fonctionnaires. Parfois, comme à Vincennes, c'est un véritable parcours qui permet en une après-midi de se rendre successivement devant différents monuments et plaques. La dimension festive n'est cependant pas laissée de côté et c'est ainsi que, pour le 60e anniversaire, en 2004, 50 000 personnes se sont retrouvées place de la Bastille au soir du 25 août pour un grand bal populaire, « si possible en costumes d'époque ». Les autorités municipales avaient proposé aux Parisiens de venir habillés à la mode de 1944, avec rubans tricolores et coiffures de ce temps.

L'image et l'imprimé

Avant même que ne paraissent les premiers ouvrages, une écriture de la Libération est déjà en route, les éléments de narration se fixant de mille manières. Sur le moment, elle passe par la production d'images et de sons qui seront repris ensuite pour fabriquer des récits et des interprétations. Certaines photographies, de barricades par exemple, sont à l'évidence posées, les insurgés se mettant en position de combat, pratique habituelle en de telles circonstances puisque les photographes, prudents, faisaient communément jusqu'aux années 1930 des clichés hors des engagements. Autre usage assez commun, très vite, des cinéastes font jouer leur propre rôle par certains acteurs de la Libération. C'est ainsi que sont produites des séquences où Rol-Tanguy assure des réunions clandestines. Ces plans, largement utilisés ensuite, ont acquis par leur quasi-simultanéité un caractère « authentique ». Même certaines scènes tournées sur le moment, celles de liesse qui proposent des groupes restreints par exemple, se révèlent de fait construites, notamment par les cinéastes qui suggèrent aux figurants les attitudes à prendre, voire inspirent leur texte. C'est le cas du soldat américain qui dit devant la caméra « Le peuple de Paris est bon et joli », propos qui lui sont soufflés par l'assistant de l'opérateur présent à ses côtés. Les passages qui montrent des GI accueillis avec enthousiasme, s'ils ont bien existé, n'en avaient pas moins pour fonction, au moment de leur tournage par les actualités américaines, de montrer au public d'outre-Atlantique la popularité de son armée.

Beaucoup d'acteurs de la libération de Paris ont écrit leurs mémoires. Ce fut le cas de nombre de « vedettes », comme le président du CPL André Tollet (*Ma traversée du siècle. Mémoires d'un syndicaliste révolutionnaire*, 2002), Raymond Dronne (*Carnets de route d'un croisé de la France libre*, 1984) ou Raoul Nordling (le manuscrit a été retrouvé par son neveu à la fin des années 1990 et publié en 2002 sous le titre *Sauver Paris. Mémoires du consul de Suède 1905-1944*). Von Choltitz publie dès 1950 un petit ouvrage, plaidoyer *pro domo* dans lequel il relate la libération de Paris et ce qu'il présente comme son propre rôle. L'année suivante, il sort une autobiographie dont la traduction est éditée en France en 1964 sous le titre *Un soldat parmi les soldats*. Il y brosse avec une certaine efficacité son portrait en sauveur de Paris, assez loin de ce personnage qui semble alors avoir surtout été préoccupé de survivre à une nouvelle défaite. Bien plus rares sont les textes autobiographiques d'acteurs de la Libération qui ne se trouvaient pas dans les états-majors. Certains paraissent cependant dans les années qui suivent et ont à l'évidence une dimension édifiante et pédagogique. Devenu légal après la Libération, *France d'abord*, le journal des FTP, demande à des garçons et des filles qui se sont engagés dans la Résistance de raconter ce qu'ils ont vécu pour sa collection « Jeunesse héroïque » (1945-1946). Rédigés puis édités dans ce cadre, deux petits livres de 32 pages (qui seront réédités pour le soixantième anniversaire) s'attardent sur la libération de Paris. En 1946, Madeleine Riffaud relate l'histoire d'une jeune femme détenue à Fresnes dans *La Belle vengeance de Bleuette*. Sous forme de roman rédigé à la troisième personne, les dernières pages sont consacrées à l'insurrection et la dimension autobiographique est évidente : « Bleuette aurait dû être fusillée, mais les Allemands n'en eurent pas le temps ». L'année suivante, Max Rainat, FTP dans la compagnie Saint-Just à l'âge de 17 ans, celle de Madeleine Riffaud, publie *Comme une grande fête*. L'action se déroule tout au long de la semaine d'insurrection et se clôt sur la mort d'un de ses camarades : « Il est mort… mon copain, tout à la fin... Pourquoi ? Pourquoi lui ?... » Dès le début, dans un cadre militant ou non, des Parisiens veulent témoigner de ce qui s'est passé. L'écrivain Claude Roy, correspondant de guerre du journal parisien proche des communistes *Front national*, publie ainsi avant la fin de l'année 1944 chez Skira, un éditeur genevois, *Les yeux ouverts dans Paris insurgé*. L'année suivante, un chef de service de l'Hôtel-Dieu, le chirurgien Pierre Brocq, signe l'ouvrage *L'Hôtel-Dieu pendant les journées du 19 au 27 août 1944* chez un éditeur spécialisé dans le domaine médical, Masson.

De tous ces textes autobiographiques, le plus connu est celui de Charles de Gaulle (réédité en 2000 dans la prestigieuse « Bibliothèque de la Pléiade »). Après sa démission au début de l'année 1946, il s'est très vite mis à la rédaction de ses *Mémoires de guerre*. Retiré dans sa résidence de Colombey-les-Deux-Églises, il rédige de manière cursive un ouvrage au plan chronologique. Le premier tome, « L'Appel », sort en 1954. « Paris », dernière partie du deuxième tome, paru en 1956 et intitulé « L'Unité », relate la libération de la capitale et la lecture qu'en fait le général. C'est en 1959, dans le cadre politique renouvelé qui est celui du retour au pouvoir, qu'est terminé et publié le troisième tome, « Le Salut » ; il commence avec la Libération et se termine lorsque le général quitte le pouvoir. C'est dans ce troisième tome que sont publiés des documents, dont le discours du 2 avril 1945 est cité dans le présent ouvrage. D'une indéniable qualité littéraire, les *Mémoires de guerre* ont été et continuent à être un succès d'édition : « Comme César, comme Napoléon, le général de Gaulle a le style de son destin, un style accordé à l'Histoire », écrivait François Mauriac.

Tout autant que les livres, le cinéma joue un rôle important dans la transmission de la mémoire de la libération de Paris. Régulièrement, des documentaires sont consacrés directement ou indirectement à ce thème, tel « 1944. De Gaulle dans Paris libéré », de la série « Mystères d'archives », un film de 30 minutes sur le défilé du 26 août et les échanges de tirs aux abords de Notre-Dame, dans lequel le réalisateur Serge Viallet décortique les images d'actualités, va jusqu'à lire sur ses lèvres les paroles inaudibles de De Gaulle avant la revue vers l'Arc de Triomphe : « Il faut donner l'ordre maintenant. » Il démonte également certaines scènes, démontre qu'un caméraman a fait offrir des fleurs au général par sa propre épouse pour avoir la scène qu'il voulait tourner. Mais c'est sans aucun doute *Paris brûle-t-il ?*, grande fresque sortie en salles en 1966 et réalisée par René Clément auquel on doit aussi *La Bataille du rail*, un grand film sur l'Occupation, la Résistance et la Libération, qui est la plus significative. L'adaptation du livre de Dominique Lapierre et Larry Collins (*Paris brûle-t-il ?*, publié au printemps 1964 dans la collection « Ce jour-là » des éditions Robert Laffont) est sortie lors des derniers beaux jours du cinéma en France, avant que les salles ne se vident au profit du petit écran. Elle est vue par un très grand nombre de spectateurs, puis diffusée à de nombreuses reprises à la télévision, notamment fin août pour les anniversaires.

Ce film, pour lequel le réalisateur dispose de très gros moyens, reprend à son compte le parti déjà pris par les auteurs du livre qui adopte l'interprétation gaulliste sur la plupart des thèmes de discorde parmi lesquels la trêve se situe au premier rang. Le choix de faire interpréter les personnages par des acteurs connus ressemblant à leurs modèles (Orson Wells devient ainsi Raoul Nordling et Henri Rol-Tanguy a pour les spectateurs les traits de Bruno Cremer) renforce la volonté de retracer l'histoire des états-majors au détriment de la perception d'une aventure collective. Quelques personnages importants sont passés sous silence, comme Georges Bidault dont l'engagement pour l'Algérie française en avait fait au début des années 1960 un opposant déterminé au président de Gaulle, ou Maurice Kriegel-Valrimont, dissident écarté du parti communiste lors d'une purge quelques années plus tôt. En ces temps du gaullisme à nouveau triomphant, et qui s'appuie sur la mémoire de la Résistance, certains personnages du film sont des piliers du régime, tel Jacques Chaban-Delmas, président de l'Assemblée nationale depuis 1958, interprété par Alain Delon, ou, joué par Michel Piccoli, Edgar Pisani* alors ministre de l'Équipement (qui était ministre de l'Agriculture lorsque le livre a été publié), ce qui indigne les opposants. Le film, qui s'appuie également sur les mémoires de von Choltitz (publiés en français la même année que l'ouvrage de Lapierre et Collins), octroie au général allemand un rôle honorable mais discutable. En dehors de ces parti pris, si quelques erreurs peuvent être relevées, la plupart des anecdotes relatées tout au long du film n'en reprennent pas moins des faits qui sont réellement survenus, tant était épique la réalité de ces journées d'août.

La bande originale du film est diffusée notamment sous la forme la plus populaire, celle d'un disque 45 tours : « Que l'on touche à la liberté et Paris se met en colère, et Paris commence à gronder et le lendemain, c'est la guerre. » Mais, alors qu'elle avait été mise en musique pour un chanteur de talent, Yves Montand, c'est Mireille Mathieu qui chante au printemps 1967 : « Il faut voir les pavés sauter quand Paris se met en colère. [...] Paris a la fièvre et la soigne à sa façon. »

Le travail des chercheurs

Les historiens, universitaires ou chercheurs au CNRS pour la plupart, abordent le plus souvent la libération de Paris en cherchant à comprendre des phénomènes ou des dynamiques qui en sont des éléments. C'est le cas de nombreux livres dont ce n'est pas le sujet central tant l'événement semble important à de nombreux auteurs. Ainsi, Sylvie Lindeperg, dans *Les écrans de l'ombre. La Seconde Guerre mondiale dans le cinéma français (1944-1969)*, analyse le film *Paris brûle-t-il?* et en précise les enjeux. Michel Pigenet, dans *Les « Fabiens », des barricades au front (septembre 1944-mai 1945)*, suit l'itinéraire des FTP parisiens qui, après la Libération, se sont engagés dans la troupe atypique qui a poursuivi l'occupant jusqu'en Allemagne. L'essai *Policiers dans la ville. Une histoire des gardiens de la paix* de Christian Chevandier commence par quatre pages dans lesquelles l'auteur explique à quel point la participation des agents à l'insurrection lui semble significative de l'identité de ce groupe social, et revient à de nombreuses reprises sur les journées d'août 1944.

Deux chercheurs ont une place privilégiée dans l'historiographie de la libération de Paris. Henri Michel (1907-1986), professeur d'histoire, résistant, fut l'animateur du Comité d'histoire de la Seconde Guerre mondiale, une institution interministérielle assez originale qui a mis en place un réseau de correspondants départementaux et a pu ainsi esquisser une histoire assez pertinente. Sur plus de vingt livres pour lesquels il a étudié cette période, certains abordent cet événement auquel il consacre en 1980 un petit livre, *La Libération de Paris*, qui est demeuré pendant quinze ans la meilleure synthèse sur le sujet. Le Comité d'histoire de la Seconde Guerre mondiale a été intégré au sein de l'Institut d'histoire du temps présent (IHTP), un laboratoire du CNRS. Christine Lévisse-Touzé, auteur en 1980 d'une thèse sur l'Afrique du Nord de septembre 1939 à juin 1943, publie en 1994 les Actes du grand colloque tenu pour le cinquantième anniversaire, *Paris 1944. Les enjeux de la Libération*, au cours duquel interviennent des historiens spécialistes du sujet et nombre d'acteurs, notamment Jacques Massu, Pierre Messmer, tous deux anciens de la 2e DB, et Henri Rol-Tanguy. À la direction du Mémorial du maréchal Leclerc de Hauteclocque et de la libération de Paris et du musée Jean Moulin, à Montparnasse, Christine Lévisse-Touzé impulse les recherches menées sur ces thèmes et est l'auteur d'un ouvrage de synthèse, *Paris libéré, Paris retrouvé* (1994).

Cet événement capital ne laisse pas indifférentes les autorités. La municipalité a mis en place le Comité d'histoire de la ville de Paris qui a pour objectif de soutenir la recherche historique consacrée à la capitale et d'en diffuser les résultats auprès d'un large public. C'est à l'occasion du cinquantenaire de la Libération, en août et septembre 1994, qu'ont été inaugurés deux musées, le mémorial du maréchal Leclerc de Hauteclocque et de la libération de Paris et le musée Jean Moulin, qui présentent leurs collections permanentes articulées sur la biographie de ces deux personnages, l'une sur la France libre et l'autre sur la Résistance. Une grande salle est consacrée à la libération de Paris et un montage d'images d'archives fixes et animées est projeté sur son mur ellipsoïdal. Des expositions temporaires y sont régulièrement organisées tandis qu'une riche documentation est à la disposition des chercheurs. En dehors des services d'Archives publiques où sont conservées des sources de première qualité (Archives nationales, Archives – à la fois municipales et départementales – de Paris, Archives de la préfecture de police, Archives de l'Assistance publique-hôpitaux de Paris), des institutions spécifiques, comme le musée de l'Ordre de la Libération, aux Invalides, ou le musée de la Résistance nationale, à Champigny-sur-Marne, mettent à la disposition des chercheurs des archives qui peuvent leur permettre d'approfondir les connaissances sur la libération de Paris et de répondre à de nouvelles questions.

CONCLUSION

C'est sans doute à l'écrivain Gilles Perrault, âgé de 13 ans à la Libération et qui parcourait alors la ville sans la moindre conscience du danger, que l'on doit la formule la plus pertinente pour caractériser le véritable enjeu des combats : « Les niais ne se lasseront pas de démontrer avec des arguments sans réplique que l'insurrection était dépourvue de sens. Elle n'en avait en effet pas plus que la prise de la Bastille. » En renvoyant à la Révolution française, l'auteur souligne une des caractéristiques des journées d'août 1944 : après 1789, 1830, 1848 et 1871, Paris est depuis un siècle et demi la ville de toutes les révolutions. C'est une des raisons pour lesquelles les conséquences politiques de l'événement sont à l'évidence considérables. De Gaulle a gagné sur tous les plans : les Alliés ne peuvent que reconnaître la légitimité que lui ont octroyée tous les combattants français de la capitale, les soldats de Leclerc comme les FFI de Rol-Tanguy. Au sein même de la Résistance, les gaullistes ont pris le pas sur les communistes. Rien de surprenant à cela : la période de transition politique est moins incertaine que cela n'était présagé et le contexte de double pouvoir a pu être instauré dès l'insurrection, un ministre du gouvernement provisoire et des délégués étaient sur place avant même que l'occupant ne soit parti et tandis que s'évanouissait le régime de Vichy. Cela a permis aux partisans de De Gaulle de mettre un terme très vite à ce qui se révélait être une situation révolutionnaire. Ce leur fut d'autant plus aisé que, Paris libre, le Troisième Reich n'était pas encore vaincu et nombre de ceux qui avaient pris les armes dans la capitale étaient devenus soldats pour poursuivre sur le territoire allemand la lutte contre le nazisme.

La question des sorties de guerre est une de celles que se posent les historiens au début du XXIe siècle : comment un pays, une société peuvent-ils tourner la page après un conflit toujours traumatisant ? À l'évidence, les modalités de la libération de la capitale, depuis l'insurrection et les barricades jusqu'à l'arrivée de la 2e DB puis l'apothéose du 26 août, ont eu une fonction qui a dépassé le cadre restreint, dans l'espace et dans le temps, de l'événement. C'est la honte d'une défaite inattendue, au printemps 1940, qui semblait pouvoir être ainsi exorcisée. À une échelle plus locale, le phénomène s'est révélé essentiel pour la ville, pendant quatre années zone de forte présence allemande, quadrillée par les signes de l'occupation, des chevaux de frise place de la Concorde aux panneaux blanc et noir indiquant en allemand bâtiments et destinations militaires. Prenons garde cependant, une fois de plus, à l'anachronisme : si l'aspect politique nous paraît essentiel aujourd'hui, la dimension militaire s'avérait d'autant plus primordiale aux contemporains que, quand bien même l'espoir était fort, le lendemain n'en demeurait pas moins incertain. Puis tout a changé très vite, a basculé dans la soirée du jeudi 24 août, lorsqu'un avion a prévenu les insurgés de l'arrivée de la division de Leclerc, puis quand les premiers chars français sont parvenus sur le parvis de l'Hôtel de Ville. Dernier épisode révolutionnaire de l'histoire de la ville qui en connut plusieurs au siècle précédent, la libération de Paris est un moment clé de l'histoire de France.

ANNEXES

Bibliographie sommaire
Chronologie de la libération de Paris
Plan des combats dans Paris
Carte de la progression et des combats de la 2e DB

BIBLIOGRAPHIE SOMMAIRE

Christine Lévisse-Touzé, dir., *Paris 1944. Les enjeux de la Libération*, Paris, Albin Michel, 1994, 573 p.

Christine Lévisse-Touzé, *Paris libéré, Paris retrouvé*, Paris, Gallimard, « Découvertes », 1994, 112 p., réédité en 2004.

Sur des aspects de la libération de Paris :

Sylvie Lindeperg, *Les écrans de l'ombre. La Seconde Guerre mondiale dans le cinéma français* (1944-1969), Paris, CNRS Éditions, 1997, 443 p.

Michel Pigenet, *Les « Fabiens », des barricades au front (septembre 1944-mai 1945)*, Paris, L'Harmattan, 1995, 265 p., réédité en 2000.

Christian Chevandier, *Policiers dans la ville. Une histoire des gardiens de la paix*, Coll. « Folio Histoire », Paris, Gallimard, 2011, 1004 p.

CHRONOLOGIE DE LA LIBÉRATION DE PARIS

14 juin 1940
Paris, déclarée ville ouverte, est occupée sans combat par les Allemands

6 juin 1944
Débarquement allié dans le Cotentin

14 juin 1944
De Gaulle revient en France, accueil enthousiaste à Bayeux

14 juillet 1944
Manifestations patriotiques dans Paris et sa banlieue

1er août 1944
La 2e DB débarque en Normandie

Jeudi 10 août 1944
Grève des cheminots

Mardi 15 août 1944
Grève de la police ; débarquement en Provence

Mercredi 16 août 1944
42 jeunes résistants sont fusillés au bois de Boulogne et dans le 7e arrondissement

Vendredi 18 août 1944
Appel des organisations syndicales CGT et CFTC à la grève générale ; extension des grèves ; appel à la mobilisation générale par le colonel Rol-Tanguy, chef des FFI de la région Île-de-France ; premières escarmouches

Samedi 19 août 1944
Occupation de la préfecture de police par les policiers insurgés ; les combats se généralisent ; négociations pour une trêve

Dimanche 20 août 1944
La trêve ne tient pas ; occupation de l'Hôtel de Ville

Lundi 21 août 1944
Érection de barricades dans de nombreux quartiers

Mardi 22 août 1944
19 h 15 : le commandement allié donne à Leclerc l'instruction de se diriger sur Paris

Mercredi 23 août 1944
Incendie du Grand Palais ; Hitler réitère son ordre de destruction de Paris

Jeudi 24 août 1944
En fin de journée, les premiers chars de la 2e DB pénètrent dans Paris

Vendredi 25 août 1944
Matin : la 2e DB entre à Paris ; après-midi et soirée : reddition des Allemands ; discours du général de Gaulle à l'Hôtel de Ville

Samedi 26 août 1944
Après-midi : défilé de l'Arc de Triomphe à Notre-Dame

Du 26 au 30 août 1944
Contre-attaques allemandes repoussées au nord de Paris

Mardi 29 août 1944
Défilé des Américains

25 mars 1945
Décret citant la Ville de Paris, « exemple pour la Nation tout entière », à l'Ordre de la Libération et portant attribution de la Croix de la Libération

PLAN DES COMBATS DANS PARIS

(avec les principaux lieux de la Libération)

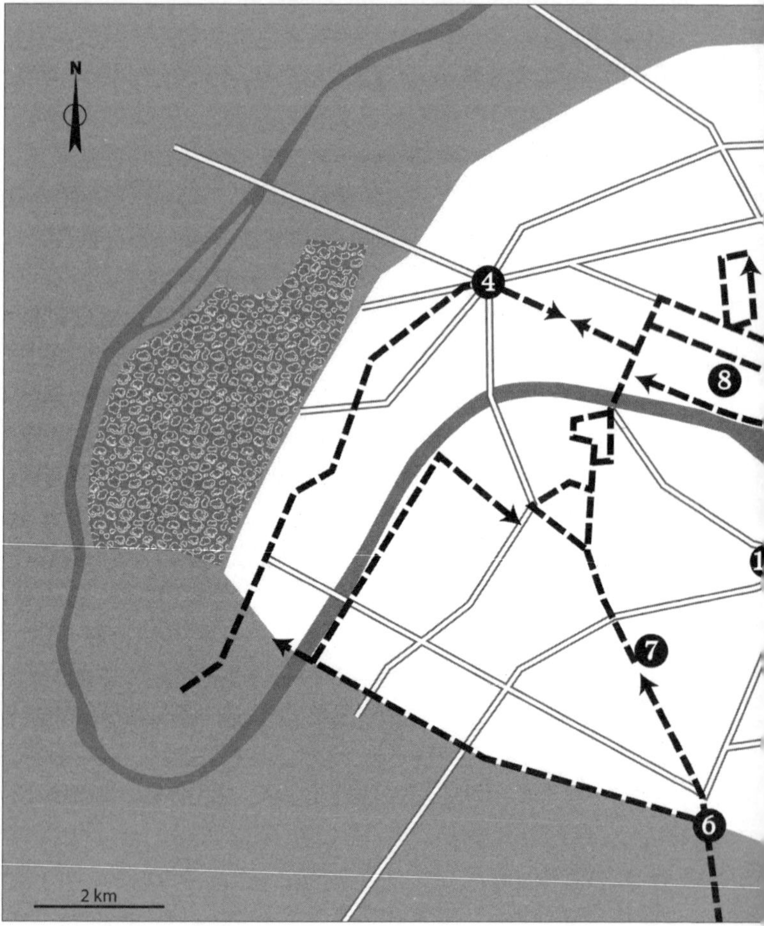

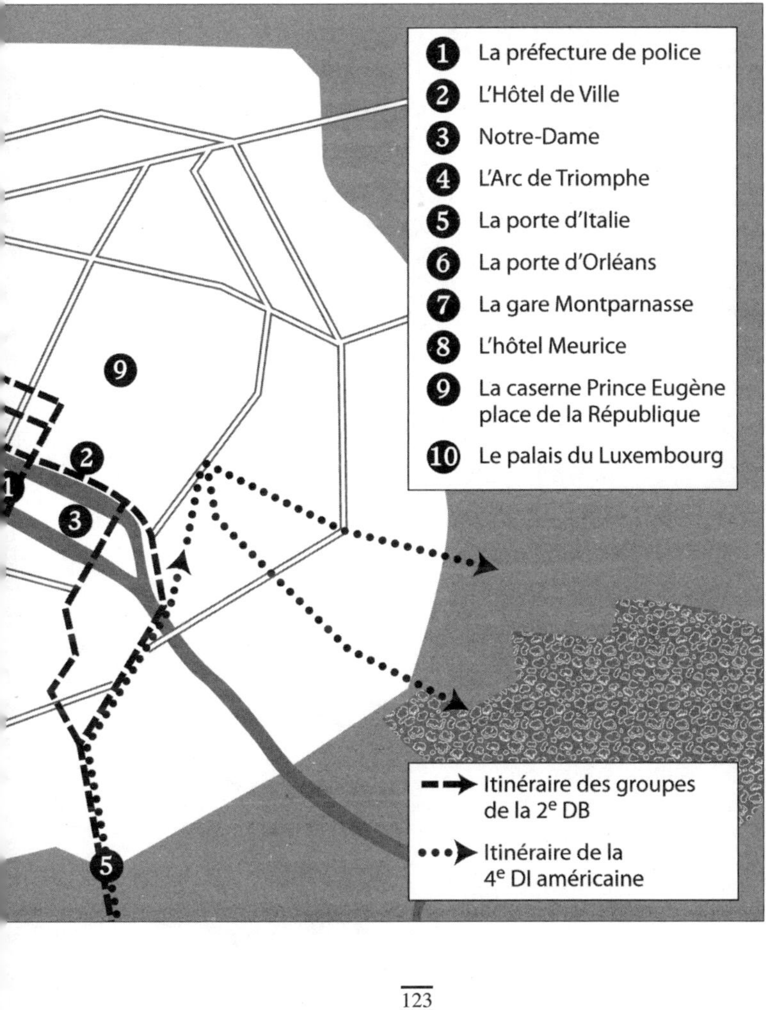
1 La préfecture de police
2 L'Hôtel de Ville
3 Notre-Dame
4 L'Arc de Triomphe
5 La porte d'Italie
6 La porte d'Orléans
7 La gare Montparnasse
8 L'hôtel Meurice
9 La caserne Prince Eugène place de la République
10 Le palais du Luxembourg
9
2
1
3
5
Itinéraire des groupes de la 2e DB
Itinéraire de la 4e DI américaine

CARTE DE LA PROGRESSION ET DES COMBATS DE LA 2E DB

Principaux secteurs de résistance allemande

Progression de la 2e DB

Mouvement des troupes allemandes

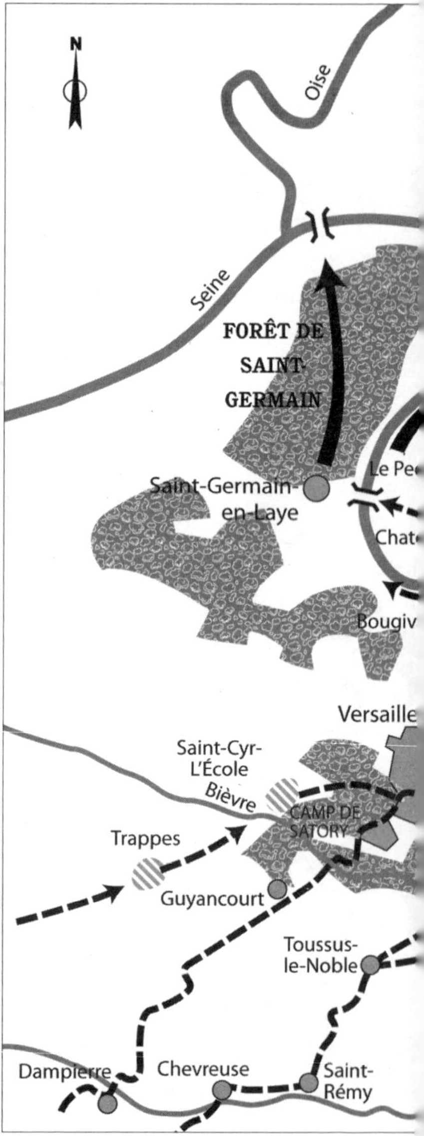

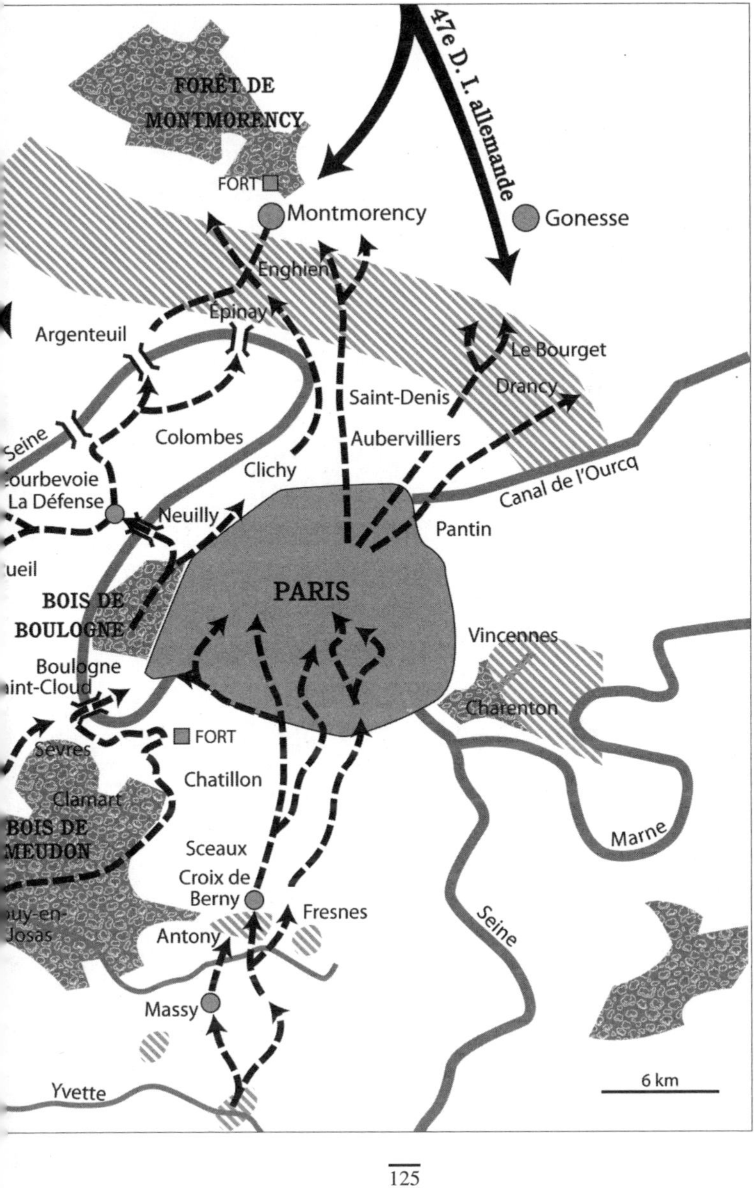

FORÊT DE MONTMORENCY
FORT
Montmorency
47e D. I. allemande
Gonesse
Enghien
Épinay
Argenteuil
Le Bourget
Drancy
Saint-Denis
Seine
Colombes
Aubervilliers
Clichy
ourbevoie
La Défense
Neuilly
Canal de l'Ourcq
Pantin
ueil
PARIS
BOIS DE BOULOGNE
Vincennes
Boulogne
int-Cloud
Charenton
FORT
Sèvres
Chatillon
Clamart
BOIS DE MEUDON
Marne
Sceaux
Croix de Berny
Fresnes
uy-en-
Josas
Antony
Seine
Massy
Yvette
6 km

Hatier s'engage pour l'environnement en réduisant l'empreinte carbone de ses livres. Celle de cet exemplaire est de :
350 g éq. CO_2
Rendez-vous sur www.hatier-durable.fr

PAPIER À BASE DE FIBRES CERTIFIÉES

Achevé d'imprimer par Hérissey à Évreux (Eure) - France
Dépôt légal : 97145 - 7/01 - Août 2013 - N° d'impression : 120959